CÉSAR BIROTTEAU,

DRAME-VAUDEVILLE EN TROIS ACTES,

Par M. Cormon.

Représenté pour la première fois, à Paris, sur le théâtre du Panthéon,
le 4 avril 1838.

PERSONNAGES.	ACTEURS.	PERSONNAGES.	ACTEURS.
CÉSAR BIROTTEAU.	MM. DUBOURJAL.	UN ARCHITECTE.	MM. ORPHÉE.
POPINOT, son premier commis,	WILLIAMS.	UN TAPISSIER.	ARMAND.
GAUDISSART, commis-voyageur.	A. VILLOT.	CONSTANCE, (Mad Birotteau).	Mmes LAMBQUIN
DUTILLET.	LANSOY.	CÉSARINE, sa fille,	CLARISSE.
PILLERAULT, oncle de Constance.	LAMBQUIN.	LA MÈRE MADOU.	PHILIBERT
CÉLESTIN, caissier de Birotteau.	CLAUDIUS.	UNE DOMESTIQUE.	JULIE.
COMMIS et CHALANDS.			

La scène se passe à Paris.

ACTE I.

La boutique de Birotteau.

SCÈNE I.

CONSTANCE, CÉSARINE, POPINOT, COMMIS.

Constance, dans son comptoir, reçoit l'argent des pratiques ; Césarine est à côté d'elle ;
Popinot vend, avec d'autres Commis, aux acheteurs qui sont dans la boutique.

CHOEUR.

Air : Accourez tous.

Quelle boutique bien fournie !
On y trouve de quoi choisir ;
La pratique est si bien servie,
Que tout Paris vient s'y fournir.

POPINOT, à part en fesant un paquet.
J' suis heureux quand, à la sourdine,
J' puis lancer un regard ou deux,
Pour dire à mamzelle Césarine,
Ce que disent si bien ses yeux !..

Oh! Dieu!... elle me regarde aussi!.. serait-ce pour me dire la même chose!... si c'était, pourtant!... je serais capable d'expirer de joie et d'ivresse.

CONSTANCE.

Allons donc M. Popinot!... ce paquet n'est pas encore fini!... dépêchez-vous... madame attend.

POPINOT, revenant à lui.

Voilà, madame, voilà.

REPRISE DU CHOEUR.

Quelle boutique bien fournie, etc., etc.

(Pendant la reprise du chœur, les acheteurs sortent. Popinot les reconduit poliment.)

SCÈNE II.

LES MÊMES, moins les ACHETEURS.

CONSTANCE.

Eh bien! ma fille, deux cents francs de recette, un dimanche, avant deux heures.... j'espère que c'est beau!

CÉSARINE.

Cela ne doit pas nous étonner.... c'est toujours comme ça.

POPINOT, est retourné à sa place et étiquette des pots de pommade en regardant de tems en tems Césarine. (A part.)

Est-elle gentille?... et dire que je l'aime!... que j'en perds le boire et le manger, sans jamais oser... ça me dessèche... quoi... si par quelque adroit moyen, je pouvais... (Tout en parlant il étend machinalement la main pour prendre un pot de pommade qu'il fait tomber.)

CONSTANCE, se levant.

Popinot, mais faites donc attention, depuis quelque temps vous avez la main malheureuse, je ne vous reconnais plus, vous êtes absorbé, distrait...

CÉSARINE, vivement.

Maman, monsieur Popinot est peut-être souffrant... il fait un service bien pénible, et la fatigue...

POPINOT.

Oh! non, mamzelle, non... c'est pas la fatigue!... d'ailleurs, comme dit mon illustre ami Gaudissart... le prince des commis-voyageurs, faut trimer quand on a sa fortune à faire et j'ai d' la marge d'ici là.

CÉSARINE.

Vous ferez comme papa a fait.

POPINOT.

Oh! je ne l'espère pas, mamzelle... M. Birotteau avait le génie de la chose... il était parfumeur de nature... ce n'est pas donné à tout le monde... et cependant si je pouvais réussir aussi... ah! fichtre!...

CONSTANCE.

Très-bien, mon ami!... un peu d'ambition ne nuit jamais quand on commence... vous voilà comme était M. Birotteau il y a vingt-cinq ans... comme vous, il n'avait rien... il était simple commis dans cette maison... et moi demoiselle de boutique... à force de travail, de dévouement et d'économies, il parvint à être l'associé de son patron, c'est à cette époque que je devins sa femme...

POPINOT.

Vous vous aimiez bien, n'est-ce pas, madame?

CONSTANCE.

Oh! oui!... oui!... trois ans après, il avait inventé la pâte des sultanes... le succès fut colossal et le jour de la naissance de Césarine, la reine des roses était notre propriété.

POPINOT.

Quel beau jour!.. propriétaire de la reine des roses!.. et père de Mlle Césarine !

CONSTANCE.

Patience, Popinot, et peut-être un jour, vous serez aussi heureux que mon mari le fut alors.

POPINOT.

Ah !.. fichtre !.. s'il ne faut que travailler pour ça... je travaillerai, madame, jour et nuit... pas une minute, pas une seconde de flânerie... oh !.. Dieu !.. flâner quand on espère... quand on espère... (Il regarde Césarine, puis se retournant vers les commis.) Eh bien ! qu'est-ce que vous faites-là... les bras croisés... voulez-vous bien vous dépêcher !..

UN COMMIS.

C'est aujourd'hui dimanche.

POPINOT.

Je ne connais pas de dimanche, le dimanche est aboli, à bas le dimanche !

SCÈNE III.

LES MÊMES, DUTILLET.

DUTILLET, à la cantonnade.

John... promenez le cheval et attendez-moi. (Il entre.) Mesdames, je vous présente mes hommages. (Constance et Césarine saluent.)

CONSTANCE.

Monsieur !..

POPINOT, à part.

Encore ce maudit agent de change que je déteste.

DUTILLET.

Je n'ai pas voulu passer dans la rue Saint-Honoré sans saluer les deux plus aimables et les deux plus jolies personnes du commerce parisien.

POPINOT.

Fais donc le beau... va, piaffe !.. piaffe !..

DUTILLET.

Comment, pas un jour de repos ! le dimanche à deux heures, et par un temps magnifique, quand nos beautés financières et industrielles se rendent en foule aux Tuileries ou au bois, vous seules, vous êtes encore au poste du travail... mais c'est un meurtre... et si c'est Birotteau qui vous y oblige... cela crie vengeance ! je suis capable de lui chercher querelle.

POPINOT, à part.

Va donc, faiseur d'embarras.

CONSTANCE.

Non, monsieur, non... C'est notre seule volonté qui nous retient ici, et le désir de seconder mon mari.

DUTILLET.

Alors, vous êtes admirables... mais ne verrai-je pas ce cher Birotteau ?

CONSTANCE.

Il est absent... et je ne pense pas qu'il rentre de sitôt... depuis qu'il a été nommé adjoint de la mairie, c'est à peine si nous le voyons.

DUTILLET.

Commerçant... homme public !.. mais que manque-t-il à cet heureux mortel... fortune, honneurs, il n'a rien à désirer !.. il faut maintenant qu'il pense à marier Mlle Césarine.

POPINOT, à part.

Hein !.. marier !..

CONSTANCE.

Nous avons le temps d'y songer.

DUTILLET.

Il faut qu'il lui donne une dot superbe... qui fasse mourir de dépit tous vos confrères... et si Birotteau eût voulu... une ou deux bonnes spéculations... et sa fortune était triplée !

CONSTANCE.

Oh ! de grâce, monsieur, ne parlez jamais de cela devant lui !.. nous sommes heureux comme nous sommes et de ce que nous avons... rien ne serait plus pénible que de voir Birotteau compromettre son avoir, son repos, son honneur, dans ces entreprises souvent si hasardées... oh ! mais non, non... il est trop raisonnable pour ça !

DUTILLET, à part.

C'est ce que nous verrons.

POPINOT.

Le bourgeois !

SCÈNE IV.

LES MÊMES, BIROTTEAU.

BIROTTEAU.

Bonjour, mes amis... mes enfans... bonjour, Dutillet!..

DUTILLET, lui serrant la main.

Vous voilà bien joyeux.

BIROTTEAU.

Et pourquoi donc pas ?.. je trouve partout sur mon passage des mines riantes, des visages amis... ce sont des chalands qui me sourient, des pauvres qui me saluent... Joyeux !.. mais certainement que je le suis... et que j'ai raison de l'être.

Air de l'Ambassadrice.

Ah ! Birotteau,
Que ton sort est beau,
Tu peux être fier, ma foi.
On est sûr de trouver chez toi,
Bon accueil et bonne foi !
On se pique,
Dans ta boutique,
De contenter la pratique,
Et chacun cite avec honneur,
Birotteau le parfumeur !
Venez, venez, jeunes grisettes
Si riches par vos seuls attraits ;
Venez j'ai de bonnes recettes
Pour les conserver toujours frais.
Venez coquettes enlaidies,
Je vous vendrai discrètement
De quoi paraître encore jolies,
Et fixer un dernier amant.
Les actrices et les comtesses,
Les élégants, les vieux rentiers,
Les bourgeoises et les altesses,
Les prolétaires, les banquiers,
Viennent à la reine des roses
Qui fait par ses heureux produits
De charmantes métamorphoses,
Et le tout au plus juste prix...

Entrez messieurs, approchez mesdames, parlez, que vous faut-il? eau de Cologne, de Portugal, de Bergamotte, savon de Venise, iris de Florence, crème anglaise, parfums d'Arabie, ganterie, brosserie, cosmétiques, pommades, essences, vinaigres, aromates?.. j'ai de quoi contenter tous les goûts, satisfaire tous les désirs, demandez, on va vous servir.

REPRISE DE L'AIR ET ENSEMBLE.

Ah ! Birotteau, etc.

DUTILLET.

Vous devez faire bien des jaloux parmi vos confrères?

BIROTTEAU.

Il est vrai qu'ils ne me voyent pas d'un bon œil. Parce que j'ai la chance, parce que la fortune me seconde, ils m'en veulent. Eh! mon Dieu, est-ce ma faute à moi, si je suis plus heureux qu'ils ne le sont.

CONSTANCE.

Je crois, mon ami, qu'il est l'heure de fermer le magasin et de donner campo à nos commis, qui je pense n'en seront pas fâchés.

BIROTTEAU.

Tu as raison. (Aux commis.) Allons, mes enfans, c'est assez pour aujourd'hui : ce n'est pas tout que de travailler, il faut du repos ; après la peine le plaisir.

LES COMMIS.

Merci, patron.

POPINOT, à part.

Ça se trouve joliment... Gaudissart qui doit venir me prendre...

BIROTTEAU.

Ah! Popinot!

POPINOT, accourant.

Voilà.

BIROTTEAU.

Tu ne sortiras pas... nous avons à causer de choses majeures.

POPINOT, à part.

Quel ennui!.. adieu ma partie avec Gaudissart.

BIROTTEAU, aux commis.

Allez, mes amis, et amusez vous bien, mais ne rentrez pas trop tard.

CHOEUR.

LES COMMIS.

L'instant est venu de sortir,
Ça ne fait pas de peine,
Prenons aujourd'hui du plaisir
Pour toute la semaine.

(Les Commis sortent, Constance, Césarine et Popinot sortent aussi chacun de leur côté.)

SCÈNE V.

BIROTTEAU, DUTILLET.

BIROTTEAU.

Pardon, mon cher Dutillet, de m'être fait attendre, le conseil municipal s'est prolongé beaucoup plus qu'à l'ordinaire, et je craignais de vous manquer... avez-vous dit à ma femme que je vous avais écrit?

DUTILLET.

Nullement.

BIROTTEAU.

Ah! tant mieux, et puisque nous sommes seuls, profitons de ce moment et parlons affaires.

DUTILLET.

Je vous écoute... Il y vient.

BIROTTEAU.

Vous vous doutez du motif qui m'a fait vous prier de passer ici ce matin?

DUTILLET.

Non, en vérité.

BIROTTEAU.

Écoutez, mon ami, voilà plus de vingt ans que je suis dans le commerce, mon crédit est considérable; si je n'avais écouté que ma femme dont la défiance est extrême, je ne serais encore aujourd'hui qu'un petit détaillant, tirant le diable par la queue pour accrocher les deux bouts. Heureusement, je n'ai pas suivi ses conseils,

DUTILLET.

Et vous avez bien fait, en général les femmes n'entendent rien aux affaires.

BIROTTEAU.

Mais je commence à me lasser de la vie industrielle et végétative, je n'ai point envie de m'enterrer éternellement dans mon laboratoire; j'ai le vent en poupe et je suis décidé à me lancer, à risquer de devenir ce que Dieu voudra que je sois, sous-préfet, député, ministre ou millionnaire; si tel est mon destin, j'y suis résigné.

DUTILLET.

Ça se conçoit... les honneurs ne sont pas incompatibles avec la parfumerie, bien au contraire; et vous avez pensé que je pourrais peut-être vous applanir la route?

BIROTTEAU.

Précisément... vous m'avez parlé dernièrement d'une grande spéculation à laquelle vous vouliez m'associer.

DUTILLET.

Laquelle ?

BIROTTEAU.

Vous savez, l'achat des terrains de Chaillot, où l'on pourrait, m'avez-vous dit, quadrupler en peu de temps ses capitaux.

DUTILLET.

Oui, mais vous n'avez pas voulu me croire.

BIROTTEAU.

J'avoue qu'au premier moment, cela me paraissait douteux... j'ai réfléchi depuis et j'ai reconnu que j'avais eu tort. Vous avez le nez fin, vous ne donnez rien au hasard, vous... j'observe depuis long-temps votre manière, et je vois que toutes vos entreprises réussissent. Oh ! vous êtes un malin, ne riez pas... et voilà justement pourquoi je vous prie de m'admettre pour un cinquième dans la chose.

DUTILLET, à part.

Bon ! je le tiens ! (Haut.) Désolé, mon cher, cela n'est plus possible.

BIROTTEAU.

Comment ! auriez-vous déjà terminé ?

DUTILLET.

Peu s'en faut, car nous signons demain les clauses du contrat, tant nous craignons que l'affaire ne s'ébruite.

BIROTTEAU.

Eh bien ! alors, que j'en sois, mettez-moi dedans.

DUTILLET.

Je vous le répète... je ne le puis, à mon grand regret. Je suis déjà pressé par deux de mes plus riches cliens qui veulent absolument que je les intéresse dans cette spéculation, ce qui m'embarasse fort... il n'y a place que pour un.

BIROTTEAU.

Eh bien ! tranchez le différent en me donnant la priorité.

DUTILLET.

S'ils viennent à savoir que je vous ai accordé la préférence, ils ne me le pardonneront jamais.

BIROTTEAU.

Vous pensez bien que je ne serai pas assez... pour aller le leur dire... allons, c'est convenu, n'est-ce pas ?

DUTILLET.

Non, la délicatesse me fait un devoir...

BIROTTEAU.

Je comptais tellement sur vous, sur votre amitié, que j'ai depuis hier retiré mes fonds de chez mon notaire... deux cent mille francs que j'ai là en caisse.

DUTILLET.

Vous savez que le cinquantième est de cent mille écus.

BIROTTEAU.

Mais ne m'aviez-vous pas offert vous-même de m'escompter pour cent mille francs de billets, que vous garderiez en portefeuille, bien entendu, jusqu'au moment où nous revendrions nos terrains ?

DUTILLET.

C'est la vérité.

BIROTTEAU.

Du reste, pour plus de sûreté, il vous sera facile de prendre hypothèque sur la part qui me reviendra ; de cette manière, vous aurez une garantie, et nous serons en règle... est-ce dit ? est-ce fait ?

DUTILLET.

Allons, pour vous être agréable, je prendrai votre argent.

BIROTTEAU.

Cher ami ! vous êtes trop bon... revenez dans une heure, j'aurai eu le temps de signer les billets et nous terminerons.

DUTILLET.

Ah ça ! gardez-moi bien le secret.

BIROTTEAU.

Jusqu'au trépas.

DUTILLET, sortant

N'allez pas ensuite vous dédire.

BIROTTEAU, le conduisant.

Par exemple! c'est une affaire conclue, et vous avez ma parole.

(Dutillet sort.)

SCENE VI.

BIROTTEAU, CONSTANCE.

(Birotteau enchanté, vient de reconduire Dutillet jusqu'au fond; puis il redescend la scène en se frottant les mains.)

BIROTTEAU, sans voir sa femme.

Fortune en ce monde,
Tu fais tout pour moi!
Ta main me seconde...

(Il se trouve face à face avec Constance et il s'arrête tout à coup.)

CONSTANCE.

Birotteau, de quoi parlais-tu donc à M. Dutillet en le reconduisant?

BIROTTEAU, hésitant.

Ah! tu étais là, bichette?

CONSTANCE.

« Vous avez ma parole... c'est une affaire conclue...

BIROTTEAU.

Dame... je... je... c'est-à-dire, non... c'est lui qui...

CONSTANCE.

Tu ne sais pas mentir, mon ami. Voyons, sois franc, tu me caches quelque chose.

BIROTTEAU.

Eh bien! oui, Mme Birotteau, je vous cache quelque chose, je vous cache même plusieurs choses: une foule de surprises plus agréables les unes que les autres.

CONSTANCE.

D'abord, cette affaire avec Dutillet...

BIROTTEAU.

Cette affaire! cette affaire va tripler notre fortune.

CONSTANCE.

Ah! mon Dieu!

BIROTTEAU.

Eh bien! cela te fait peur? une entreprise pyramidale!..

CONSTANCE.

De parfumerie?

BIROTTEAU.

Ah bien, oui, des résultats assurés... et cent pour cent de bénéfices...

CONSTANCE.

Et c'est Dutillet qui t'a proposé...

BIROTTEAU.

Dutout, c'est moi qui l'ai supplié de m'admettre parmi ses associés... demain, il n'était plus temps.

CONSTANCE.

Alors, pourquoi faut-il que vous vous soyez rencontrés aujourd'hui?

BIROTTEAU.

Te voilà avec tes craintes chimériques, tu es méfiante comme une chatte.

CONSTANCE.

Ecoute, César; je serais désolée de te voir entreprendre des affaires en dehors de ton commerce.

BIROTTEAU.

Mais bichette, je t'assure...

CONSTANCE.

Celle-ci peut être bonne; je le crois même, tu as assez d'expérience pour ne pas agir légèrement.

BIROTTEAU, avec dignité.

J'ai été juge au tribunal de commerce.

CONSTANCE.

Mais enfin, je te connais. César... tu n'as pas une tête bien forte...

BIROTTEAU.

J'ai une tête ordinaire.

CONSTANCE.

Tu n'es pas pour faire deux choses à la fois... pour t'occuper de l'une, il faudra que tu négliges l'autre...

BIROTTEAU.

Erreur... erreur plus que complète, je donne mes fonds... l'entreprise va son train, et je n'ai que la peine d'empocher les bénéfices... Ah! cela l'étonne, ça sera bien autre chose quand tu verras les résultats; quand je te dirai : Je double aujourd'hui la dot de Césarine... Car c'est pour elle, vois-tu, que je deviens ambitieux ; je veux qu'elle fasse un mariage foudroyant!... J'ai bien d'autres idées ; pendant que je veux doubler sa dot par ici... je prétends tripler son héritage par là!

CONSTANCE.

Encore une spéculation!

BIROTTEAU.

Oh! quant à celle-ci, parfumerie, simple parfumerie...

CONSTANCE.

J'aime mieux ça.

BIROTTEAU.

Allons, as-tu toujours peur? voyons, parle, es-tu rassurée?

CONSTANCE.

Eh bien! non.

BIROTTEAU.

Non! alors, c'est que tu me caches aussi quelque chose.

CONSTANCE.

Eh bien! oui.

BIROTTEAU.

J'en étais sûr.

CONSTANCE.

J'ai fait un rêve.

BIROTTEAU.

Comment un rêve! un songe?

CONSTANCE.

Un songe affreux! à propos de toi!

BIROTTEAU.

Tu as eu le cauchemar, je vois ça!

CONSTANCE.

Tu étais dans ta boutique, là... (Elle lui indique l'endroit et lui prend la main.) Pâle, défait... des hommes à figures sinistres te présentaient des papiers et cherchaient à t'entraîner...

BIROTTEAU.

Tu me fais trembler.

CONSTANCE.

Moi, j'étais assise dans mon comptoir, et, chose étrange, je me voyais passer dans la rue, m'arrêter à la porte et me demander l'aumône à moi-même.

BIROTTEAU, riant avec effort.

Ah! ah! ah! que c'est bête!.. et tu attache de l'importance à de semblables niaiseries... (A part.) J'ai le frisson dans le dos!

CONSTANCE.

Je ne suis pas superstitieuse...

BIROTTEAU, d'un air d'assurance.

Ni moi, morbleu!

CONSTANCE.

Mais ce maudit rêve ne me sort pas de la tête... crois-moi, César, il y a des pressentimens qui ne trompent jamais... tu as de l'aisance, tu es considéré dans le monde, heureux dans ta famille... ne cherche pas au-delà...

BIROTTEAU.

C'est inimaginable... au-dehors, tout le monde m'accorde de la capacité... mais ici, quand je sue sang et eau pour te plaire...tu me regardes comme un être obtus.

CONSTANCE.

Eh bien! si tu m'aimes, si tu veux me rendre bien heureuse... renonce à la spéculation avec Dutillet.

BIROTTEAU.

Impossible, j'ai donné ma parole!

CONSTANCE.

C'est différent! alors, n'en parlons plus.

BIROTTEAU.

Et tâche une autre fois de ne plus faire de mauvais rêves, entends-tu bichette... ça finirait par me faire peur!

SCENE VII.

Les Mêmes, UN ARCHITECTE et UN TAPISSIER.

L'ARCHITECTE.

M. Birotteau, j'ai l'honneur de vous saluer.

BIROTTEAU.

Ah! bonjour, messieurs.

L'ARCHITECTE.

Vous voyez que nous sommes exacts.

BIROTTEAU.

Très bien, très bien... (A part.) Diable, ma femme qui est là, je ne voudrais pourtant pas devant elle... au fait, il faudrait bien le lui dire tôt ou tard.

L'ARCHITECTE, qui a tiré des papiers de sa poche.

J'ai fait un plan des réparations, agrandissemens, embellissemens que vous avez projetés dans vos appartemens...

CONSTANCE, à part.

Qu'entends-je?..

LE TAPISSIER.

Voici des échantillons pour les meubles et les tentures... c'est du meilleur goût et de la dernière nouveauté.

CONSTANCE.

César!..

BIROTTEAU, passant vers sa femme, un peu embarrassé.

Bichette!.. voilà la troisième surprise que je te ménageais... oui, Constance, oui, mon épouse adorée... il est temps que je vous donne une demeure digne de vous... en harmonie avec cette beauté qui fit mon bonheur et l'envie de tous mes confrères!.. et d'ailleurs quand on occupe un certain rang... quand on est adjoint de sa mairie... n'est-on pas obligé de recevoir et de rendre des visites?.. de donner des soirées... des bals!..

CONSTANCE.

Des bals!..

BIROTTEAU.

Le gouvernement m'a mis en évidence... j'appartiens au gouvernement... je dois lui faire honneur.

CONSTANCE.

Comment, toi, tu veux donner un bal...

BIROTTEAU.

Un bal flamboyant... accompagné de rafraîchissemens, souper, cornet à piston et tout le tralala!.. voyons, monsieur l'architecte... voyons votre plan.

L'ARCHITECTE.

Ici... le grand salon moyen-âge...

BIROTTEAU.

Hein, moyen-âge... comme c'est nouveau.

L'ARCHITECTE.

A gauche, le salon de musique... style Louis XIV... à droite, la chambre de madame... décoration Pompadour...

BIROTTEAU.

Très bien!.. Pompadour!.. entends-tu, bichette... Pompadour!.. (Bas, à l'architecte.) C'était une farceuse de ce temps-là. (Sérieusement.) Il n'y aura pas de choses risquées?..

L'ARCHITECTE.

Des amours... des colombes qui se béquettent.

BIROTTEAU.

Va pour l'amour et les colombes... mais rien de plus... diable!.. les mœurs avant tout...

L'ARCHITECTE.

Là, nous ferons percer le mur... pour établir une porte de communication.

CONSTANCE.

Percer un mur !..

BIROTTEAU.

Un petit mur de rien !..

L'ARCHITECTE.

Et en fesant sauter le plafond... nous établirons un escalier tournant.

CONSTANCE.

Sauter le plafond !..

BIROTTEAU.

Qu'est-ce que c'est que ça... un méchant plafond !.. fesons sauter le plafond... ah ! à propos... et la salle à manger... diable... diable !

L'ARCHITECTE.

Ici... entre l'antichambre et le grand salon... juste au-dessus de la cuisine.

BIROTTEAU.

Oh ! la cuisine !.. c'est plus essentiel que tout le reste.

Air : Un homme pour faire un tableau.

Mon cher ami de tous les temps
La cuisine fut, je m'en vante,
Dans tous les grands appartemens,
La pièce la plus importante.
Chez moi, déjà, sont invités
Des gens qu'il faut que je câline,
Banquiers, ministres, députés...
Soignons, soignons la cuisine.

CONSTANCE, à part.

Je ne reconnais plus mon mari... il est devenu fou !

BIROTTEAU.

Quant à vous, monsieur le tapissier... je n'ai qu'un mot à vous dire... tout ce qu'il y aura de mieux... quand on fait les choses, il faut les faire grandement... vous vous entendrez avec monsieur pour les couleurs... ah ! seulement je vous recommande le rose pour la chambre de ma femme.. elle est brune... et le rose lui va si bien... (lui prenant la taille) à cette chère petite biche blanche.

CONSTANCE, passant entre son mari et les fournisseurs.

Moi, messieurs, je vous recommande de ne pas entraîner mon mari dans des dépenses au-dessus de nos moyens... nous ne sommes pas en position de faire des folies, et d'après ce que je viens d'entendre...

L'ARCHITECTE, auquel Birotteau fait des signes par derrière.

Mais non, madame, rassurez-vous, les frais ne s'élèveront pas trop haut... je vous le jure.

CONSTANCE.

A combien, à peu près ?

L'ARCHITECTE.

A peu près?.. dame... à...

BIROTTEAU.

Tout au plus.

CONSTANCE.

Mais enfin...

L'ARCHITECTE, regardant toujours Birotteau.

Cinq ou six mille francs... à vue de nez...

CONSTANCE.

A vue de nez... messieurs, je vous en prie, ne commencez pas sans un devis et des marchés signés... six mille francs veulent dire souvent trente mille.

BIROTTEAU.

Mais sois donc tranquille... que diable !.. je suis là !.. moi !..

CONSTANCE, à part.

Ça ne me rassure pas du tout.

L'ARCHITECTE.

Nous avons encore besoin de prendre quelques mesures...

BIROTTEAU.
Très bien, ma femme va vous conduire... n'est-ce pas, bichette?

Air : Vite, Marie à ma toilette.

Allez et faites diligence,
Dans quinze jours soyez tous prêts,
Car je brûle d'impatience
De me voir dans mon palais!
Quel bonheur,
Quel honneur!
Dans le monde en bonne odeur
Ça mettra le parfumeur!

CONSTANCE.
Moi j'ai peur
Et mon cœur
Blâme ces projets de grandeur.

ENSEMBLE.

BIROTTEAU.
Allez et faites diligence, etc.

CONSTANCE.
Allez; surtout de la prudence,
Malgré moi je crains ces apprêts,
N'élevez pas trop la dépense,
Ne nous faites pas un palais.

L'ARCHITECTE et le TAPISSIER.
Nous allons faire diligence,
Dans quinze jours nous serons prêts,
Car nous brûlons d'impatience
De terminer votre palais.

(Constance sort suivie des deux fournisseurs. Popinot est entré pendant la sortie et du côté opposé.
En revenant, Birotteau se trouve face à face avec lui.)

SCENE VIII.

BIROTTEAU, POPINOT.

POPINOT.
Me voilà, bourgeois, prêt à vous ouïr et à vous obéir.
(Birotteau prend la main de Popinot et l'amène gravement sur l'avant-scène.)

POPINOT, à part.
Paraîtrait que c'est du sérieux...

BIROTTEAU, lui frappant rudement sur l'épaule.
Popinot!.. as-tu du cœur?..

POPINOT, se frottant l'épaule.
Comment l'entendez-vous, ô bourgeois!

BIROTTEAU.
Je te demande si tu as du cœur dans le cœur... autrement dit... si tu as
du courage!

POPINOT.
Ah!.. du courage... est-ce que par hasard vous auriez eu des mots...
des raisons avec quelqu'un?.. est-ce que vous auriez besoin que je me
batte pour vous?.. j'irais chercher Gaudissart...

BIROTTEAU.
Eh! il ne s'agit ni de querelle ni de duel...

POPINOT.
Ah!.. ben, tant mieux... alors comme ça j'ai beaucoup de courage...
j'en ai trop pour un homme seul!..

BIROTTEAU.
Bien... Popinot!.. bien!.. j'avais deviné cette réponse... oui, mon garçon, depuis long-temps je t'observe... je t'étudie... et j'ai compris tout ce
que tu avais là et là!..   (Il lui frappe sur la tête et sur le cœur.)

POPINOT, étonné.
Là et là! (A part.) Ah! mon Dieu, aurait-il deviné mon amour pour sa fille?

BIROTTEAU.
Tu es un brave jeune homme, on peut avoir confiance en toi...

POPINOT, à part.
Plus de doute... il a deviné.

BIROTTEAU.
Et je veux faire ta fortune et ton bonheur!..,

POPINOT.
A moi!.. mon bonheur!.. ah! bourgeois... oh! que ça fait du bien... ah!
voilà que je me trouve mal!..

BIROTTEAU, le soutenant.
Hein... comment... tu...

POPINOT.
Ah! que ça fait du bien de se trouver mal!..

BIROTTEAU.
Voyons, assieds-toi... calme-toi... nigaud!..

POPINOT, attendri et prenant les mains de Birotteau.
Ah! bourgeois! ah! ça il paraît que ça se voyait... hein!..

BIROTTEAU.
Quoi?

POPINOT.
Mais le feu qui me dévore, qui me calcine et que je croyais sans espoir.

BIROTTEAU, à part.
Est-ce qu'il est fou!

POPINOT.
Jamais... jamais! je n'aurais osé aspirer à une telle alliance... mais vous
n'avez pas de préjugés... vous savez qu'on est pauvre aujourd'hui, riche
demain... vous vous êtes dit : Popinot est actif, intelligent, dévoué, il
adore ma fille, eh bien! je ferai sa fortune et son bonheur...

BIROTTEAU, à part.
Ah! mon Dieu!

POPINOT, s'essuyant les yeux.
C'est grand, c'est généreux!.. j'en pleure comme une bête...

BIROTTEAU, à part.
Il adore ma fille!.. quel diable de chien vient-il me lâcher là dans une
conversation d'affaires. (Haut.) Voyons, Popinot, mon ami...

POPINOT.
Appelez-moi votre fils... je vous en prie, votre fils...

BIROTTEAU.
Oui, je ne dis pas... plus tard... un jour... dans quelques années, peut-
être...

POPINOT.
Quelques années!

BIROTTEAU.
Tu ne m'as pas bien compris, Popinot... quand je t'ai parlé de fortune
et de bonheur, ça ne voulait pas dire qu'il s'agissait d'un mariage... mais
bien d'une spéculation...

POPINOT.
D'une spéculation.

BIROTTEAU.
Commerciale... et nullement matrimoniale.

POPINOT.
Ainsi donc, cet amour dont je vous ai fait l'aveu...

BIROTTEAU.
Je te promets de l'oublier, et je ne t'en veux pas; à ta place... diable!..
j'en aurais fait autant... elle est si jolie, ma Césarine!

POPINOT.
Oh! jolie... à en sécher sur plante.

BIROTTEAU.
Mais, mon garçon, il y a des mais... des si... des car... Je ne rougirais
pas de t'avoir pour gendre... Allons, voyons, essuye tes yeux, tiens ton
cœur en bride, et que l'amoureux fasse place au commis.

POPINOT.
Je suis tout oreilles, bourgeois... (A part.) Je suis enfoncé.

BIROTTEAU.
Eh! justement, voilà la mère Madou! Entrez, entrez, ma brave femme.

SCÈNE VIII.

LES MÊMES, LA MADOU.

LA MADOU.
Salut bien, monsieur et la companie.

BIROTTEAU.
Vous arrivez à propos, mère Madou.
LA MADOU.
Vous êtes bien honnête, mon magistrat.
BIROTTEAU, à part.
Son magistrat!.. à la bonne heure, voilà une femme qui comprend le respect dû aux autorités civiles.
LA MADOU.
J' vous apportons un échantillon de not' marchandise... Tenez, ça vous ira... (Elle lui présente un petit sac.) Je défie de trouver dans toute la France, des plus belles noisettes.
POPINOT.
Des noisettes!
LA MADOU, à Birotteau qui regarde.
Hein? comme c'est rose! comme c'est plein... pas une de verreuse... Et c' bouquet... approchez-moi ça de vot' nez d' magistrat.
BIROTTEAU.
Et combien ces noisettes?
LA MADOU.
D'abord, combien qui vous en faut, mon cher amour?
BIROTTEAU.
Six mille pesant.
LA MADOU.
Excusez du peu, vous n'êtes pas dans les feignans pour marier les filles et les parfumer...   **BIROTTEAU.**
Enfin, votre dernier mot?
LA MADOU.
Pour vous, mon bourgeois, cent francs le cent.
BIROTTEAU.
Cent francs! mais il m'en faudra peut-être, des milliers par an.
LA MADOU.
S'il vous en faut tant, et si vous êtes gentil, on pourra faire marché à soixante-douze... car faut pas renvoyer un adjoint, ça port'rait malheur!
BIROTTEAU.
Allons, c'est convenu, envoyez-moi six milliers à 4000 francs et à quatre-vingt-dix jours.
LA MADOU.
Fameux! la signature d'un magistrat, c'est de l'or en barres!
BIROTTEAU.
A demain de grand matin!
LA MADOU.
N' craignez rien, on s'ra pressée comme une mariée.
BIROTTEAU.
Mais, nous pèserons par cent livres, pour ne pas avoir de creuses... sans quoi, rien de fait.
LA MADOU, à part.
Ah! le chien! il s'y connaît, on n' peut pas lui r'faire le poil... (Haut.) A demain, mon magistrat... à demain!

SCÈNE IX.

BIROTTEAU, POPINOT.

BIROTTEAU.
Vois-tu ces fruits, Popinot? sais-tu ce qu'on peut en faire?
POPINOT.
Dame! on peut les manger... en faire des quatre mendians...
BIROTTEAU.
On en peut faire de l'huile, imbécile! une huile pour exciter la pousse des cheveux, raviver le cuir chevelu, maintenir la couleur des chevelures mâles et femelles... une huile qui portera le coup de mort à sa rivale de Macassar! ce produit exotique dont le succès depuis trois mois m'empêche de dormir... Ah! Popinot, mon ami!.. je touche à l'apogée de ma gloire... je vais anéantir l'huile de Macassar.
POPINOT.
Ah! fichtre! ce serait un coup de maître!

BIROTTEAU.

Mais je ne veux pas exploiter ce secret par moi-même, je pense à me retirer du commerce, et c'est toi, mon garçon, qui lanceras mon huile comagène... c'est ainsi que je l'ai baptisée !

POPINOT.

Ah! monsieur, si nous l'appelions Césarienne...

BIROTTEAU.

Ah! monsieur l'amoureux, vous voulez flatter le père et la fille... eh bien! soit, je te donnerai les premiers fonds... tu seras mon associé! ambitieux jeune homme, es-tu content?

POPINOT.

Oh! je réussirai comme vous.

BIROTTEAU.

Si tu n'as pas ma fille, tu auras du moins une partie de ma fortune.

POPINOT.

Laissez-moi espérer qu'en acquérant l'une, j'obtiendrai l'autre.

BIROTTEAU.

Espère, mon garçon, espère... mais en attendant, dès aujourd'hui, occupe-toi de trouver une boutique, et chaud, chaud !..

Air ronde du Serment

Bon courage ,
Et vite à l'ouvrage,
Lançons avec esprit
Ce merveilleux produit.

POPINOT.

Quel beau jour !
Le destin prospère ,
Va bientôt, j'espère,
Couronner mon amour.

BIROTTEAU.

Bon courage , etc.

POPINOT, dansant de joie.

Bon courage , etc.
Quel beau jour !
Le destin prospère ,
Va bientôt, j'espère ,
Couronner mon amour.

ENSEMBLE.

(Birotteau sort.)

SCÈNE X.

POPINOT, puis GAUDISSART.

POPINOT.

En voilà des événemens... ah! mon Dieu! je ne sais plus où j'en suis!.. mon amour, mon huile... tout ça me bout dans la tête!.. si j'avais Gaudissart... Ah! heureusement le voici!..

GAUDISSART, entrant par le fond.

Air de Gribouille.

Toujours chantant,
Toujours roulant ,
Gaiment
Dans toute la France,
Je promène mon existence,
Le plaisir est mon élément !

ENSEMBLE.

GAUDISSART.	POPINOT.
Toujours chantant , etc.	Toujours chantant, etc.

GAUDISSART.

Bonjour, fanfan !

POPINOT.

Toujours en train !.. toujours gai !..

GAUDISSART.

Tiens, pourquoi pas, donc?.. la gaîté!.. je n' connais qu'ça. c'est ce qui soutient le commis-voyageur dans son existence vagabonde !..

Air : Quand je m'y mets un peu.

Je suis voyageur,
Il n'est pas sur la terre,
D'état plus flatteur,
D'état plus séducteur
Que celui d' voyageur :
C'est le seul qui puiss' me plaire
Et charmer mon cœur,
Viv' l'état d' voyageur !

Tous les boutiquiers
De France et de Navarre,
Gantiers, chapeliers,
Mêm' tous les épiciers...
Par mon gai babil,
Aisément j' m'en empare,
J'ai l'esprit subtil,
Pour enfoncer, j'ai l' fil !..
Quand j' flair' des placemens,
Faut voir cette platine !
Un temps, deux mouvemens,
L'affaire se termine !..
Et le provincial,
Quoiqu' pas trop libéral,
Paye encor le régal...
Mais un fameux régal !..

Ah ! dam', c'est qu'ils n'y voient que du feu ces pauvres moutons ! faut
voir comme je les embroche quand je lâche les phrases à quatre chevaux
et les raisonnemens en fa dièze ! rien ne me coûte, à moi... je fume, je
bois, je mange... je passe pour un mylord dans les villages, et j'embête
les jobards sur la route.

Je suis voyageur, etc.

S'il trouv' sur ses pas
Que'qu' jolie insulaire,
La bell' ne peut pas
Lui résister hélas !
Mortel séduisant,
Près d'un' particulière
Il est entrainant,
Fascinant, subjugant !
Tout cède à ses vœux,
Et de ses douc's paroles,
Du feu de ses yeux
Tout's les femmes sont folles.
Oui, pour la gaité,
Son amabilité,
Partout il est cité,
Mais la fidélité !..

Zut !.. c'est autre chose !.. la fidélité !.. mot rayé du dictionnaire !.. un
voyageur être fidèle... pas d' ça Lisette !.. il ne connaît que l'amour au ga-
lop... en poste !.. et quand une passion s'avise de le poursuivre... postil-
lon !.. fermez la portière et filez raide !..

Je suis voyageur, etc.

POPINOT.

Ah ça ! Gaudissart, quand tu auras fini... j'ai à te parler.

GAUDISSART.

Toi, moutard !.. tant pire... je n'écoute rien que nous ne soyons partis...
voyons, es-tu prêt... l'es-tu mis sur ton trente-six ?..

POPINOT.

Mais je te dis que je ne peux pas sortir !..

GAUDISSART.

Hein ?.. comment est-ce que tu as dialogué ça ?.. tu ne peux pas sortir !

POPINOT.

Impossible !

GAUDISSART.

Eh bien ! c'est gentil !.. moi qui comptais sur toi pour toute la journée et pour donner le bras à mon amante... Clorinda, une beauté numéro un... enlumineuse de son état, mais, style soigné... genre mousseux...

POPINOT.

Je suis désolé... mais...

GAUDISSART.

Ça t'aurait fait honneur, parole d'honneur !

POPINOT.

J'en conviens, mais...

GAUDISSART.

J'avais des plans superbes... une crâne partie...

POPINOT.

C'est malheureux, mais...

GAUDISSART.

Je voulais te conduire dans des régions, à toi inconnues, et t'initier à des plaisirs que tu ignores...

POPINOT.

Fichtre !

GAUDISSART.

Bref, j'avais conçu l'espérance de folâtrer ensemble aux Prés Saint-Gervais...

POPINOT.

Aux Prés Saint-Gervais !..

GAUDISSART.

Le paradis de la banlieue ! une véritable volière peuplée de séduisantes fauvettes...

Air : **La nuit porte conseil.**

C'est aux Prés Saint-Gervais,
Que la fillette
Et la grisette
Vont prom'ner leurs attraits,
Cueillir des lilas, prend' le frais !

Jeunes gens pleins d'ardeur.
Espoir de la patrie,
Qui d'une tendre amie
Voulez gagner le cœur,
Vite aux Prés Saint-Gervais,
Là, point d'belles
Cruelles,
On est sûr du succès
Et surtout à peu d' frais...

Tous les moyens de séduction réunis... du veau, de la salade... et puis l'escarpolette, le jeu de bague et des ânes... Oh ! mon ami quels ânes !.. faut voir comme ça trotte !.. arrêtez-le, M. Ernest... je vais tomber... Ah ! je tombe !.. soudain tu t'élances... mais la culbute est opérée... la toilette chiffonnée, la ceinture déchirée... ah ! quel voluptueux désordre !

ENSEMBLE.

C'est aux Prés Saint-Gervais,
Que la fillette
Et la grisette
Vont prom'ner leurs attraits,
Cueillir des lilas, prend' le frais.

GAUDISSART.

Viens avec Gaudissart,
Là, de fair' des victimes,
D' commettr' des charmans crimes,
Il t'enseignera l'art.
Saint-Gervais ! pré charmant !..
Sur ton herbe fleurie,
La vertu qui s'oublie,
Glisse agréablement.

Seulement, mon cher, faut connaître l'article... méfie-toi générale-

ment des blondes... la blonde est langoureuse... mais trompeuse... Ah!
tandis que la brune!.. c'est encore pis... On n'a que l'embarras du
choix!..

ENSEMBLE.

C'est au pré Saint-Gervais, etc.

POPINOT.

Tout ça c'est très gentil, je ne dis pas, mais pour l'instant, il s'agit
d'autre chose. Gaudissart, j'ai besoin de toi.

GAUDISSART.

Si c'est pour de l'argent, absent par congé... si c'est pour un duel...
mon épée est à ton service, une, deux!.. touché!..

POPINOT.

Finis donc!.. que diable!.. tiens, vois-tu ces noisettes... ces simples
noisettes... eh bien! j'ai là une fortune.

GAUDISSART.

Une fortune!.. prête-moi vingt francs.

POPINOT.

M. Birotteau m'a confié une découverte miraculeuse... il me comman-
dite... j'achète une boutique, je fonde une fabrique, et je compte sur toi
pour lancer dans toute la France le produit des noisettes... l'huile Césarienne!

GAUDISSART.

Oh! très bien!.. tu comptes sur moi pour la province!.. tu es millionnaire!..

POPINOT.

Tout à l'heure nous sortirons ensemble et je t'expliquerai tout.

GAUDISSART.

Merveilleux!.. adieu le Pré Saint-Gervais... les affaires avant la bam-
boche... Ah! pardon!.. la politesse est la vertu du Français... deux mots à
Clorinda. (Il va au comptoir, prend une plume, du papier et écrit.) « Chère amour
» de mon cœur, fais-moi le plaisir d'aller te promener toute seule, ou si
» tu le préfères, en m'attendant, amuse-toi à te distraire en raccommo-
» dant mes faux-cols... avant deux heures d'ici je serai à tes pieds; qui
» est-ce qui t'embrasse sur les œils?.. ton Félix! »

POPINOT.

Es-tu heureux d'être ferré sur l'amour!..

GAUDISSART.

A propos de ça... l'huile Césarienne va joliment te pousser auprès de
la petite Birotteau.

POPINOT.

Eh! mon ami, j'ai eu la bêtise de faire l'aveu de ma flamme...

GAUDISSART.

A la demoiselle?

POPINOT.

Non, au papa.

GAUDISSART.

Triple jobard!

POPINOT.

Il m'a légèrement repoussé... mais si j'étais sûr de l'amour de Césarine...

GAUDISSART.

On s'en assure.

POPINOT.

Je n'ose pas... quand je la vois... quand je l'entends... ça me fait un
effet... Oh! Dieu, mon ami, la voilà!..

GAUDISSART.

La petite!.. très bien... chauffe l'article... je vais te souffler...

(Il se cache dans le comptoir.)

SCENE XI.

LES MÊMES, CÉSARINE.

CÉSARINE, s'arrêtant.

Ah! vous êtes seul, monsieur... je croyais trouver mon père ici...

GAUDISSART, bas.

Va donc... va donc...

POPINOT.

Va donc... va donc... Pardon, mademoiselle...

GAUDISSART.

Les instans sont précieux...

POPINOT, répétant.

Les instans sont précieux...

GAUDISSART.

Il y a un secret qui me dévore et que je brûle de vous révéler...

(Popinot fait signe qu'il ne peut pas parler.)

CÉSARINE, à part.

Je suis toute tremblante...

GAUDISSART, à part.

L'imbécile qui va rester court... (Soufflant.) Ah ! mademoiselle !..

POPINOT, faisant un effort.

Ah ! mademoiselle !..

GAUDISSART.

Air : O bords heureux.

De mon audace extrême

POPINOT.

De mon audace extrême.

GAUDISSART.

N'ayez pas de courroux,

POPINOT.

N'ayez pas de courroux...

GAUDISSART.

Mam'zelle je vous aime,

POPINOT.

Mam'zelle je vous aime...

GAUDISSART.

Et j'tombe à vos genoux,

POPINOT.

Et j'tombe à vos genoux.

ENSEMBLE.

GAUDISSART.	POPINOT.
Ici, mon éloquence,	Mon amour, ma constance,
Le sert bien je le vois,	Triompheront je crois,
Et la petit', je pense,	La crainte et l'espérance,
N'est pas sourde à ma voix.	Me troublent à la fois.

CÉSARINE.

Ayons de la prudence,
Car je sens qu'à sa voix,
La crainte et l'espérance,
Me troublent à la fois.

GAUDISSART.

A cet aveu si tendre,

POPINOT.

A cet aveu si tendre.

GAUDISSART.

Ne répondrez-vous pas?

POPINOT.

Ne répondrez-vous pas?

CÉSARINE.

On pourrait nous entendre,

POPINOT, à Gaudissart.

C'est vrai qu'on peut entendre.

GAUDISSART.

Eh bien! parlez tout bas,

POPINOT.

Eh bien! parlez tout bas.

REPRISE DE L'ENSEMBLE.

GAUDISSART.	POPINOT.
Ici mon éloquence, etc.	Mon amour, ma constance, etc.

CÉSARINE.

Ayons de la prudence, etc.

POPINOT.

Ah! mademoiselle, de grace... dites-moi seulement que vous me permettez d'espérer... il y a de mon bonheur... de ma vie.

CÉSARINE, troublée et cherchant à s'éloigner.

Oh! mon Dieu!..

POPINOT.

Si à force de travail... je parvenais un jour à vous mériter... m'aimeriez-vous?

CÉSARINE.

Peut-être!..   (Elle se sauve.)

POPINOT.

Peut-être!.. ah! mon ami, peut-être!.. ah! je défaille... je m'évanouis!

GAUDISSART, le soutenant.

Dindon!.. fallait lui baiser la main... ça flatte les femmes et c'est autant de pris. (Pendant la fin de cette scène des musiciens ont paru au fond, dans la rue, ils se mettent à jouer avec accompagnement de grosse caisse la marche des Tartares.)

GAUDISSART.

Ah! mon Dieu!.. qu'est-ce que c'est que ça?

SCENE XII.

LES MÊMES, BIROTTEAU, CONSTANCE, CÉSARINE, arrivant de différens côtés, puis DUTILLET.

BIROTTEAU.

Que veut dire tout ce vacarme?

CONSTANCE.

Et pourquoi tout ce monde arrêté devant la boutique?

GAUDISSART.

C'est peut-être des saltimbanques, des funambules.

BIROTTEAU.

Mais je ne me trompe pas... il me semble que je reconnais des ouvriers de ma fabrique.

DUTILLET, entrant.

Ah! mon cher Birotteau... combien je vous félicite, voilà un triomphe bien mérité.

BIROTTEAU.

Un triomphe!.. cette fanfare serait en mon honneur?

DUTILLET.

Ah! ça vous n'avez donc pas lu le Moniteur?.. vous ne savez donc rien.

BIROTTEAU.

Absolument rien!..

DUTILLET.

Alors, je suis enchanté d'être le premier à vous annoncer cette bonne nouvelle.

BIROTTEAU.

De grace, expliquez-vous.

DUTILLET.

Mais non... je ne veux pas vous ôter le plaisir de la surprise.

BIROTTEAU, voyant un municipal qui est entré.

Une dépêche à mon adresse!

DUTILLET.

Rassurez-vous... et lisez!..

GAUDISSART, à Popinot.

Quel est donc cet individu?

POPINOT.

M. Ferdinand Dutillet, un agent de change.

GAUDISSART.

Ferdinand Dutillet... je connais cette boule-là!

BIROTTEAU, qui a ouvert la dépêche.

Je suis nommé... ah! grand Dieu... chevalier... est-il possible!.. chevalier de la Légion-d'Honneur.

CHOEUR.

La croix d'honneur,
Ah! quel honneur
Pour un parfumeur!
La croix d'honneur!
Que cet honneur
Est flatteur!

BIROTTEAU, transporté.

Ah! ma femme!.. mes amis!..

DUTILLET.

Voilà la récompense du travail et de la probité!

BIROTTEAU.

Hein!.. dis donc, bichette... quel effet ça fera le jour de mon grand bal!

DUTILLET, à Birotteau.

Vous avez signé nos effets!

BIROTTEAU.

Oui... oui... certainement, les voilà!..   (Il va pour les donner.)

CONSTANCE, l'arrêtant.

César!.. mon ami!.. réfléchis bien! il en est temps!

BIROTTEAU.

Encore!.. que diable, Mme Birotteau, il faudra que je me mette à genoux pour vous prier de vous laisser enrichir.

(Il remet les effets à Dutillet.

GAUDISSART, à part.

Ferdinand Dutillet... mais oui... je connais ça...

CÉSARINE, à Constance.

Qu'as-tu donc, maman?..

CONSTANCE.

Ah! ma fille!.. l'ambition perdra ton père!..

CHOEUR en dehors.

Vive M. Birotteau!..

BIROTTEAU.

Merci, mes amis, merci!.. ah! Birotteau!.. mon gaillard, tu es né coiffé.

REPRISE DE LA FANFARE.

FIN DU PREMIER ACTE.

ACTE II.

Le théâtre représente un riche salon. — Ameublement élégant.

SCENE I.

PILLERAULT, seul à la cantonnade.

Non, non, point de façons, ne réveillez personne, j'aime mieux attendre un instant (Il se retourne et paraît stupéfait de se trouver dans ce salon.) Ah ça! mais... je n'ai cependant pas la berlue, et je suis bien ici chez mon neveu Birotteau. Je ne reconnais plus rien; bon Dieu! quelle richesse! quelle élégance! il faut qu'il ait perdu la raison pour s'afficher ainsi et oser faire de pareilles folies!.. c'est la ruine d'une maison.

SCÉNE II.

PILLERAULT, CONSTANCE en peignoir élegant.

CONSTANCE.

Quoi, mon bon oncle, c'est vous et vous ne me faites pas prévenir.

PILLERAULT.

Tu dormais, je n'ai pas voulu qu'on troublât ton sommeil.

CONSTANCE.

Que je suis contente de vous revoir parmi nous!...

PILLERAULT.

Il paraît que pendant mon absence de trois mois vous avez fait de brillantes affaires, diable! vous n'y allez pas de main morte à ce que je vois.

CONSTANCE.

Vous trouvez notre logement un peu changé, n'est-ce pas?

PILLERAULT.

C'est-à-dire que si je n'eusse pas traversé la boutique pour entrer ici, j'aurais cru que je m'étais trompé de porte, et que j'étais tombé par mégarde dans le salon d'un marquis, d'un duc et pair, que sais-je moi!... je suis tout dépaysé, il me semble que je ne suis pas à ma place.

CONSTANCE.

Allons donc, vous plaisantez.

PILLERAULT.

Non vraiment, tiens entre nous je préférais ton arrière-boutique avec ses modestes chaises de paille, là du moins j'étais à mon aise, tandis que ici tout ce luxe me gêne, je reste confondu, étonné...

CONSTANCE.

Mais ce n'est rien que ça, que direz-vous donc quand vous verrez mon boudoir Pompadour.

PILLERAULT.

Ton boudoir!

CONSTANCE.

Pompadour, mon oncle, Pompadour!... et ma chambre en gros de Naples rose, et celle de Césarine en tenture de Perse! c'est alors que vous ferez des ah!... des oh!... à perte de vue.

PILLERAULT,

Je rêve éveillé!

CONSTANCE.

Cela vous surprend?

PILLERAULT.

Cela m'effraye.

CONSTANCE.

Comme vous, mon oncle, j'ai commencé par jeter les hauts cris, mais mon mari m'a fait comprendre que dans sa position, c'était une nécessité indispensable et je n'ai plus rien dit.

PILLERAULT.

Pour opérer en trois mois de tels prodiges quelque fée vous a sans doute prêté sa baguette?

CONSTANCE.

Non, mais un habile architecte qui, en moins de quinze jours...

PILLERAULT.

Fort bien! son mémoire doit être salé!

CONSTANCE.

Vous ne savez pas tout, nous avons donné un bal.

PILLERAULT.

Je tombe en pétrification! comment?.. vous?.. un bal!

CONSTANCE.

Et qui a fait du bruit dans le quartier, je vous en réponds.

Air: Ah! le charmant pays.

Que ce bal était beau,
Le séduisant tableau,
Que ce bal était beau...
Plaisir pour moi nouveau!...
Toilettes élégantes,
Et brillantes,
De l'éclat!.. et du bruit!...
Ah! l'énivrante nuit...

Je me voyais complimentée.
Par tous les nouveaux arrivans,
Pour danser j'étais invitée,
Par une foule d'élégans...
C'était un monde! une cohue!...
Deux cents voitures dans la rue,
Dans nos salons on se pressait,
On se poussait,
On étouffait,
Que ce bal était beau!.., etc.

PILLERAULT.

Peste!.. ça devait être magnifique!..

CONSTANCE.

Nous avons reçu des sommités dans tous les genres... des notaires, des banquiers. des agents de change. des maires. des députés. tous gens huppés...

PILLERAULT.

Ah! vous donnez des bals et vous recevez des sommités huppées!

CONSTANCE.

Il ne manquait que vous, mon bon oncle, pour que la fête fût complète.

PILLERAULT.

Mais enfin, pourquoi toute cette dépense?

CONSTANCE.

Je n'vous l'ai donc pas dit? Birotteau a été nommé adjoint de la mairie et chevalier de la légion d'honneur.

PILLERAULT.

Vraiment!... et tu ne me l'as pas écrit!

CONSTANCE.

Pour vous laisser le plaisir de la surprise! mais le voici.

SCÈNE III.

LES PRÉCÉDENS, BIROTTEAU en robe de chambre à ramages, un bonnet de velours brodé sur la tête.

BIROTTEAU, à la cantonnade.

Portez vite cette lettre et en revenant n'oubliez pas d'écrire mon nom chez M. de la Billardière, dépêchez-vous.

CONSTANCE.

Mon ami, voici mon oncle.

BIROTTEAU.

Ah!.. vous voilà de retour mon cher Pillerault, vous avez fait un bon voyage? (lui frappant légèrement sur le ventre.) Et cette santé?... toujours resplendissante!

PILLERAULT.

Comme à l'ordinaire.

BIROTTEAU.

Savez-vous bien, mon oncle, qu'on ne vous donnerait jamais votre âge.

PILLERAULT.

C'est que je n'ai pas dépensé toute ma monnaie en un jour, j'ai mieux aimé faire feu qui dure et je m'en trouve plus heureux.

BIROTTEAU.

Vous êtes un homme de la vieille roche.

PILLERAULT.

Mon ami, permets à mon tour que je te félicite! ta femme m'a tout appris, peste! il paraît que les places et les honneurs pleuvent chez toi.

BIROTTEAU.

Je n'ai rien sollicité, on est venu m'offrir, il eut été impoli...

PILLERAULT.

De ne pas accepter, je conçois. Qui m'aurait dit cela, il y a dix-huit ans, quand tu vins pauvre petit tourangeau en tremblant me demander la main de Constance! tu me regardais alors comme un gros richard, parce que après vint-cinq ans de travail assidu, j'avais amassé six mille livres de rente.

BIROTTEAU.

Et que moi je n'avais que cent écus d'épargnes, du zèle, de la bonne volonté, (prenant la main de Constance) et beaucoup d'amour.

CONSTANCE.

Le ciel a fait le reste, mais tel que vous me voyez je suis en train de devenir millionnaire.

PILLERAULT.

Rien que ça; excusez, tu as donc découvert une mine d'or?

BIROTTEAU.

Voilà la chose en deux mots.

PILLERAULT.

Voyons.

BIROTTEAU.

Je suis entré dans une spéculation colossale... mais à propos, j'y pense, c'est hier qu'a dû avoir lieu l'adjudication, permettez... (il va à la porte du fond et dit en dehors.) Célestin, courez-vite chez M. Dutillet, vous savez, rue St-Georges, et priez-le de vous remettre mon acte de vente, vous entendez?

PILLERAULT.

Enfin cette grande spéculation sur laquelle tu fondes tout cet avenir doré?

BIROTTEAU.

C'est l'achat des terrains de Chaillot, dans deux ans, les baux, étant expirés nous deviendrons maîtres d'exploiter et nous gagnerons selon toute probalité trois cents pour cent.

PILLERAULT.

C'est beaucoup, mais, combien as-tu mis dans cette affaire!

BIROTTEAU.

Tout notre avoir liquide, je me suis même engagé.

PILLERAULT.

Mon ami, il me semble que, pour toi surtout, tu as agi un peu à la légère, tu as mis toute ta fortune sur un coup de cartes, tu n'es pas le seul à la jouer, Dieu veuille que tu n'aies pas lieu de t'en repentir!

BIROTTEAU.

Rassurez-vous, mon oncle, tout m'a réussi, je ne m'apelle pas César pour rien... et d'ailleurs!...

Air : Et pourtant Papa.

Je suis né coiffé,
J'ai fait des miracles,
Et d'tous les obstacles,
Moi j'ai triomphé
Belle était ma mère,
Chacun l'adorait,
Malgré ça d'mon père,
J'suis tout le portrait,
Je suis né coiffé, etc,

J'avais pour avance ;
En v'nant à Paris,
Vingt ans, l'espérance...
Voyez où j'en suis !
Je suis né coiffé, etc.

Je l'suis je l'proclame ;
Marié sans regret,
En prenant ma femme,
Qu'est-c' que je risquais?

SCÈNE IV.

LES MÊMES, GAUDISSART.

GAUDISSART, en dehors.

C'est bon... c'est bon... j'ai pas besoin qu'on m'annonce.

BIROTTEAU.

Ah!.. j'entends notre ami Gaudissart.

GAUDISSART, entrant.

Oh! pardon!.. vous êtes en société...

CONSTANCE.

Entrez donc, M. Gaudissart, entrez donc.

GAUDISSART.

Vous êtes trop bonne, madame ; si je vous importune... dites-le... et crac... je m'évapore.

BIROTTEAU.

Nous étions en famille... avec mon oncle, M. Pillerault, dont vous avez sans doute entendu parler...

GAUDISSART.

Comment donc... M. Pillerault!.. ah! ah! (A part.) Je connais pas du tout.. c'est égal... il a une bonne balle d'oncle, ce vieux-là.

CONSTANCE.

Je vais vous conduire auprès de Césarine.

BIROTTEAU.

Je vous demande pardon, mon oncle, mais...

PILLERAULT.

Va donc... va donc... les affaires d'abord... et d'ailleurs je ne m'envais pas.

BIROTTEAU.

A la bonne heure.

SCENE V.

BIROTTEAU, GAUDISSART.

BIROTTEAU.

Eh! bien, mon cher, c'est donc ce soir que vous partez?

GAUDISSART.

Dans deux heures mon bucéphale sera à votre porte et nous brûlerons le pavé, je m'en flatte!

BIROTTEAU.

Vous avez vu Popinot?

GAUDISSART.

Je le quitte à l'instant... je l'ai laissé dans sa boutique de la rue des Cinq-Diamans où il travaille comme un manœuvre... vertueux jeune homme!.. en v'là un qui trime!

BIROTTEAU.

Le fait est que nous ne l'avons pas vu depuis plus de quinze jours... et je ne sais pas seulement comment marche notre huile.

GAUDISSART.

Votre huile! elle coule à grands flots! en ce moment la maison Popinot et Cie se pavane sur tous les murs et dans toutes les devantures des parfumeurs; coiffeurs, perruquiers et autres industriels, déjà la parade se déploie, le public achète et l'huile se change en pluie d'or!

BIROTTEAU.

Nous me ravissez!

GAUDISSART.

Paris a donné l'exemple... l'Europe entière... que dis-je le monde suivra... c'est mon affaire à moi, je prendrai des cors de chasse... je crierai à son de trompe... tout l'esbroufle du commerce!... affiches, annonces, prospectus, blague à mort!

BIROTTEAU.

Comment la blague.

GAUDISSART.

Ce mot-là vous effraie... il est dans le dictionnaire, maintenant.

Air du Château de mon oncle.

Aujourd'hui l'on blag' sur tout,
La blague est de très bon goût;
   Chaque jour, (bis.)
Blagueurs, blagués tour à tour,
Le grand aussi bien qu' le p'tit,
L'imbécil', l'homme d'esprit,
Laids ou beaux, grands ou vieux,
C'est à qui blagu'ra le mieux.
   La p'tite grisette,
   La grande coquette,
    Adroit'ment,
   Blagu'nt l'amant
Qui s'croit aimé fidèlement...
   Lui, blagu' sans scrupule
   Sa maitresse crédule,
Et chacun d'eux d' bon cœur,
Croit être le seul blagueur.
Les f'seurs de spéculations,
Vend'nt des blagues par actions,
Pour blaguer, ces blagueurs,
Gardez en poche vos valeurs!
   Ces journaux
   Si grands, si beaux,
    Sans pudeur
   Blagu'nt le lecteur,
Mais l' lecteur prend viv'ment
Sa r'vanche au bout d' l'abonn'ment.

De blagues en procédure,
En médecine, en peinture,
En sculpture,
Littérature,
Combien de faiseurs !
En comique ;
En dramatique,
De blaguer chacun se pique,
En musique,
En politique,
Que de grands blagueurs !

Aujourd'hui, l'on blagu' sur tout, etc.

BIROTTEAU.

Allons, allons, je vois que vous êtes fort sur la... et je me fie à vous, Gaudissart.

GAUDISSART.

Je vais fondre sur l'Allemagne comme un torrent... envahir l'Angleterre comme un brouillard... j'éclaterai en Italie comme un volcan !

BIROTTEAU.

Très bien !

GAUDISSART.

J'emporte des affiches dans toutes les langues... et quelles affiches ! aut les voir !.. je les fais placarder partout, dans les villages, à la porte fdes églises... à tous les bons endroits que je connais.

BIROTTEAU.

Sublime !

GAUDISSART.

Elle brillera.. elle s'allumera cette huile ! elle sera sur toutes les têtes !..

BIROTTEAU.

Vous êtes un garçon de génie, Gaudissart.

GAUDISSART.

Ce que j'en fais, c'est par amitié pour vous et par dévoûment pour Popinot : je ne demande qu'une récompense, c'est d'être garçon de noce à son mariage.

BIROTTEAU.

Son mariage ! ah ça ! il y pense donc toujours ?

GAUDISSART.

Ah ! parbleu ! et je réponds, moi, qu'il aura mamselle Césarine. ou je n' m'appellerai plus l'illustre Gaudissart !

BIROTTEAU.

Quant à ça, c'est ce que nous verrons.

GAUDISSART.

De quoi ! ce que nous verrons ! par exemple, vous ferez le méchant, vous. César Birotteau... avec une figure de bon diable, comme la vôtre... En v'là une figure à faire la jubilation de tout le monde... ah ! ah !

(Il lui prend la main et la serre de toutes ses forces.)

BIROTTEAU.

Ne serrez donc pas si fort, Gaudissart.

GAUDISSART, serrant toujours.

N'est-ce pas que vous consentirez, père sensible ?

BIROTTEAU, secouant la main.

Eh bien ! oui, je ne dis pas... s'il va bien...

GAUDISSART.

S'il va bien ! ah bien ! je crois bien qu'il ira bien, il fera fortune, le petit bonhomme ! et son mariage ne sera pas un mariage à la détrempe... Ah ! dites donc. en parlant d'ça... j'ai pris les commissions de la parfumerie parisienne.

BIROTTEAU.

Et pou. quoi donc, s'il vous pliat ! pour faire de la concurrence !..

GAUDISSART.

Vous êtes encore un fameux innocent ! j'ai pris leurs commissions pour les étrangler vifs !.. pour faire boire de l'huile à leurs perfides cosmétiques en ne parlant que de la vôtre... un fameux tour de voyageur.. Ah ! ah ! nous sommes les diplomates du commerce !

BIROTTEAU.

Mais il me semble, Gaudissart, que ce ceci n'est pas très délicat!

GAUDISSART.

La loi le défend-elle?

BIROTTEAU.

Dame... non.

GAUDISSART.

Alors, c'est permis! j'enfonce la parfumerie parisienne en passant la jambe à vos rivaux! (Il passe la jambe à Birotteau qui trébuche.)

BIROTTEAU.

Aie! aie! prenez donc garde, Gaudissart.

GAUDISSART, le retenant dans ses bras.

Craignez rien, papa, la vieille garde est là!

SCÈNE VI.

LES MÊMES, CÉSARINE.

CÉSARINE.

Bonjour, M. Gaudissart.

GAUDISSART.

Mademoiselle...

BIROTTEAU.

Eh bien! tu as quitté ton oncle?

CÉSARINE.

Pendant que ma mère causait avec lui, je suis descendue un instant à la boutique.

BIROTTEAU.

Sais-tu si Célestin est revenu?

CÉSARINE.

Oui, mon père, et comme il est occupé à la vente, il m'a priée de vous dire que M. Dutillet était parti.

BIROTTEAU.

Parti!

CÉSARINE.

Oui, parti; qu'il avait disparu depuis hier...

BIROTTEAU.

Allons donc, ce n'est pas possible... j'entends mal!.. on se sera trompé!

GAUDISSART.

Mais du tout, rien n'est plus véridique... comment, vous ne saviez pas ça... vous! il a pris ce qu'on appelle de la poudre d'escampette, le chemin de Bruxelles... tout le commerce en parle...

BIROTTEAU.

Ah! mon Dieu!

GAUDISSART.

Un farceur comme ça, qui se faisait appeler Ferdinand Dutillet, comme je pourrais me faire appeler Gaudissart de Pantin! un escroc doré!.. Il paraît qu'il emporte des sommes immenses qu'on lui avait confiées pour acheter des terrains!

BIROTTEAU.

Mais c'est infâme!.. malheureux que je suis! (Il se jette sur une chaise.)

CÉSARINE.

Mon père, qu'avez-vous?

GAUDISSART.

Est-ce que par hasard, vous auriez remis des valeurs à ce Dutillet?

BIROTTEAU.

Oui, oui, d'énormes valeurs.

GAUDISSART.

Ah! saprestie!.. (A part.) Il est fumé!

BIROTTEAU.

Heureusement qu'elles n'étaient pas à négocier... et il ne les aura pas mises en circulation.

GAUDISSART.

Alors, il n'y a que demi-mal...

BIROTTEAU.

Demi-mal! et les 200 mille francs argent qu'il me vole...

CÉSARINE.

O ciel!

BIROTTEAU.

Tais-toi! tais-toi! que ta mère ne se doute de rien; pauvre femme, il
y aurait de quoi la tuer! Ah! elle avait raison!

SCENE VII.

LES MÊMES, CÉLESTIN.

CÉLESTIN.

Monsieur, on vient recevoir un effet.

BIROTTEAU.

Eh bien! qu'on le paye.

CÉLESTIN.

Mais, monsieur, ce billet est de vingt mille francs.

BIROTTEAU.

Vingt mille francs!

CÉLESTIN.

A l'ordre de M. Dutillet.

BIROTTEAU.

Le misérable! il a négocié mes effets!

CÉLESTIN.

C'est juste la somme que nous avions en caisse pour les échéances d'aujourd'hui, et si nous acquittons ce billet...

BIROTTEAU.

C'est un coup de massue... Célestin, descendez à la caisse et qu'on paye
ce billet; quant aux autres, attendez qu'ils se présentent, je vais vous
donner des fonds... dans une heure, ce soir, demain avant midi... Oh! ma
tête, ma tête!   (Célestin sort.)

CÉSARINE.

Mon père, calmez-vous, je vous en prie.

GAUDISSART.

Que diable! vous avez les reins solides, est-ce qu'il faut perdre la boule
comme ça!

BIROTTEAU.

Oh! malheur! malheur! cent mille francs d'effets sur la place... et rien
en caisse, rien! mon bal! ma croix! ces dépenses excessives... je passe-
rai pour un fripon!

GAUDISSART.

Par exemple!

BIROTTEAU.

Gaudissart, vous êtes mon ami; descendez au magasin, parlez au caissier, qu'il prenne les adresses, dites-lui qu'il y va de ma vie, de celle de
ma femme, que sous aucun prétexte, on ne jase de la fuite de Dutillet...
allez, allez!

GAUDISSART.

Oui, père Birotteau, j'y cours... (A part.) Pauvre homme, sa tête démé-
nage.   (Il sort.)

SCENE VIII.

BIROTTEAU, CÉSARINE.

BIROTTEAU.

Ma pauvre Césarine, je suis perdu, deshonoré, si dans deux heures,
je n'ai pas trouvé cent mille francs... mes effets seront protestés, mon
crédit détruit, ma réputation flétrie! comprends-tu cela? mais à qui m'a-
dresser?.. il y a une heure encore, je me connaissais une foule d'amis...
je ne m'en vois plus un seul maintenant... Voyons, Césarine, tu es calme,
toi, cherche-donc, nomme-m'en donc un...

CÉSARINE.

Mais, mon père, je ne sais vraiment... Ah! M. de Nucingen!

BIROTTEAU.

Un banquier! pour mettre tout le commerce de Paris dans le secret de
ma gêne... non, non.

CÉSARINE.

C'est juste! cela ne se peut pas...

BIROTTEAU.

Et comment trouver cent mille francs dans deux heures!.. Voyons, voyons... si j'allais... non, impossible... je deviendrai fou, ce bal, ce maudit bal... Ah! je suis perdu!

CÉSARINE.

Mon père, vous êtes sauvé; M. Popinot!

BIROTTEAU.

Popinot!

CÉSARINE.

N'a-t-il pas dit qu'il verserait son sang pour vous!

BIROTTEAU.

Oui, pour moi, et pour ma famille... Ah! chère enfant, c'est le ciel qui t'a inspirée... Popinot! mais conçoit-on que je ne pensais pas à lui... oui, oui, j'y cours.

CÉSARINE.

Il est bon, sensible, vous n'aurez qu'un mot à dire...

BIROTTEAU.

Que me faut-il? sa signature, des effets que je puisse escompter en les endossant... tu as raison, je suis sauvé! sauvé!.. ah! embrasse-moi!..

CÉSARINE.

Ma mère!

BIROTTEAU.

Chût!

SCENE IX.

LES MÊMES, CONSTANCE.

BIROTTEAU, affectant de prendre un air d'indifférence.

Césarine, donne-moi mon chapeau... (A Constance.) Ah! te voilà, bichette; as-tu bien dormi, cette nuit?

CONSTANCE.

Singulière question, on dirait que tu ne m'as pas vue de la journée.

BIROTTEAU.

C'est vrai, une distraction... les affaires... donne-moi donc mon chapeau, Césarine.

CÉSARINE.

Voilà mon père.

BIROTTEAU.

Merci... (Il met son chapeau sur sa tête et ferme sa robe de chambre comme si c'était une redingote.)

CONSTANCE.

Est-ce que tu sors?

BIROTTEAU.

Oui, sans doute, adieu, mes enfans.

CONSTANCE.

Eh bien! César... qu'est-ce que tu fais donc? comment tu sors en robe de chambre!

BIROTTEAU.

Tiens, c'est ma foi vrai! Ah çà! où diable ai-je donc la tête, aujourd'hui? sortir en robe de chambre à ramages... ah! ah! ah! (A part.) Comme je souffre.

CONSTANCE.

Tiens, voilà ton habit!

BIROTTEAU, ôtant sa robe de chambre et passant son habit.

Comment, bichette, c'est toi! quel trésor j'ai là, ma Constance; ma Césarine, je suis si heureux près de vous!

CONSTANCE.

Mais qu'as-tu donc, Birotteau, comme tu es agité?

BIROTTEAU.

Vous m'aimerez toujours? nous ne nous séparerons jamais, n'est-ce pas?.. oh! non, jamais!.. Adieu, mes chers enfans... Ah! ma canne que j'oublie encore. (Il fait un signe d'intelligence à Césarine.) Adieu!

(Il s'éloigne, Constance étonnée le suit jusqu'au fond et le regarde descendre.

SCENE X.

CÉSARINE, CONSTANCE, puis PILLERAULT.

CÉSARINE, à part, pendant que Constance accompagne Birotteau.

O mon Dieu ! qu'allons-nous devenir ? j'ose à peine y penser... pauvre père, fasse le ciel qu'il réussisse ! mais pourquoi douter ? M. Popinot nous est dévoué, je connais son cœur, il ne refusera pas de venir à notre secours ; oh ! non, j'en suis sûre... et moi je l'en aimerai encore davantage.

CONSTANCE, revenant en scène et à part.

Que s'est-il donc passé ? je ne l'ai jamais vu dans un état pareil. (Haut.) Dis-moi, Césarine, sais-tu ce qui force ton père à sortir si brusquement ?

CÉSARINE.

Quelque affaire pressée, sans doute... peut-être un mariage à la mairie. Tu sais comme il tient à être exact, il aura oublié l'heure, et la crainte de se faire attendre...

CONSTANCE.

Tu t'abuses, ma chère enfant, non, cela ne suffirait pas pour motiver ce trouble, cet embarras... sa voix émue, sa figure bouleversée ; tu n'as donc pas remarqué ?

CÉSARINE.

Mais non, maman.

CONSTANCE.

Il m'a fait peur... j'en suis encore toute saisie.

CÉSARINE.

Te voilà bien, tu t'effraies pour la moindre chose.

PILLERAULT, entrant.

Très bien ! très joli ! parfait ! oui, vraiment, je commence à me faire à l'appartement, et quoique je sois toujours d'avis qu'on aurait pu se passer de tout cela, je dois cependant convenir que c'est distribué avec un goût, une élégance !..

CÉSARINE.

N'est-ce pas, mon oncle ? mais reposez-vous donc, vous devez être fatigué.

PILLERAULT.

Ce n'est pas de refus, voilà deux heures que je suis sur mes jambes.

CÉSARINE, lui approchant un siége.

Tenez, asseyez-vous. (Pillerault s'assied.) Maintenant, voici le journal d'aujourd'hui.   (Elle le lui donne.)

PILLERAULT.

Ah ! vous êtes abonnés aux DÉBATS ? au fait, c'est tout simple, un fonctionnaire public...

CÉSARINE.

Moi, je vais me mettre là, près de vous avec ma broderie, et s'il y a quelque nouvelle intéressante, vous me la direz. (Constance est restée pensive de l'autre côte de la scène.) Eh bien ! maman, est-ce que tu vas rester toute seule dans ton coin ? tu as l'air de nous bouder, viens donc ici, viens, ma chère maman.   (On entend du bruit au dehors.)

LA MADOU, en dehors.

Monsieur le caissier, je n'ai pas le temps d'attendre, moi !

PILLERAULT.

Quel est ce bruit ?

CONSTANCE.

C'est une dispute dans la boutique... que signifie ?.. restez, maman, restez, je vais voir moi-même ce que c'est.

SCENE XI.

LES MÊMES, LA MADOU, un billet à ordre à la main, paraît tout à coup à la porte du fond.

LA MADOU, se retournant vers l'escalier.

Ah ça ! veux-tu ben m'lâcher, ou j'te réchauffe la joue avec une giroflée à cinq feuilles.

CONSTANCE.

Entrez, madame, et expliquez-vous tranquillement.

LA MADOU, s'avançant.

Excusez si je vous dérange, ma princesse.

CONSTANCE.

Voyons, parlez, que demandez-vous ?

LA MADOU.

Je demande, qu'on m' solde mon billet.

CONSTANCE.

Vous allez être satisfaite. (Elle appelle.) Célestin!.. (A part.) Je ne puis comprendre !.. (Appelant.) Célestin...

CÉSARINE, à part.

La vérité va se découvrir !

SCENE XII.

LES MÊMES, CÉLESTIN.

CONSTANCE.

Arrivez donc, monsieur, que veut dire ceci?.. pourquoi n'avez-vous pas payé ce billet ?..   (Césarine fait signe à Célestin de se taire.)

CÉLESTIN.

Madame... c'est que...

CONSTANCE.

Eh bien ! quoi ?.. voyons, mais parlez donc!..

CÉLESTIN.

C'est que... je n'ai plus rien en caisse.

PILLERAULT, à part.

Qu'est-ce que j'entends là !

CONSTANCE.

Voilà qui est nouveau... hier au soir, vous aviez encore vingt mille francs... qu'en avez-vous fait ?

CÉLESTIN.

Madame... ils ont servi pour un effet de pareille somme qu'on est venu toucher ce matin... ordre Dutillet !   (Il sort.)

CONSTANCE.

Ah! mon Dieu ! quel affreux éclair !

CÉSARINE.

Oui, maman, c'est la vérité... mon père avait oublié...

PILLERAULT.

Oublier vingt mille francs!..

CONSTANCE.

Voilà donc la cause de son agitation !

LA MADOU, s'échauffant peu à peu.

Tout ça est bel et bon, mais je n' me paie pas en monnaie de singe; je veux mon argent, il m' le faut, vous me l' donnerez, ou je vais emporter d' la marchandise pour mes quatre mille francs.

CÉSARINE.

Madame, je vous en prie.. ce n'est qu'un instant de retard !

LA MADOU.

Jour de Dieu ! si vous ne me payez pas, comme je suis une faible femme de mon sexe, j' vous envoie tous aux galères, j' vais chez le procureur du roi, le tremblement de la justice ira son train. Ah ben !..

CÉSARINE.

Parlez plus bas... si l'on vous entendait... vous perdriez notre maison ; madame, au nom du ciel, n'ameutez pas les passans.

LA MADOU.

Eh! qu'ils entrent, je leux y dirai la chose, histoire de rire! oui, ma marchandise et mes écus ramassés à la sueur de mon front servent à donner vos bals, vous vous gobergez, vous vous pavanez, vous allez vêtues comme des reines du Malabar avec la laine que vous prenez à des pauvres igneaux comme moi... Jésus! ça me brûlerait les épaules à moi, du bien volé ; mon cachemire est en poil de lapin, mais il m'appartient...

CÉSARINE, allant à Pillerault.

Mon oncle !

PILLERAULT, se levant.

Ah ça! mère Madou, aurez-vous bientôt fini ?

LA MADOU.

Quiens! c'est le brave père Pillerault.

PILLERAULT.

Quelle diable de scène venez-vous faire là. ne craignez rien. demain vous serez payée.

LA MADOU.

Ah! vous êtes un brave homme! pardon de mes paroles. madame; j'ai été un peu vive, trop, peut-être! que voulez-vous, la Madou prend feu, mais elle a bon cœur... Allons, vous êtes d'honnêtes gens! (A Pillerault.) Je n' prendrai rien. est-ce pas? à demain, mon vieux...

SCENE XIII.

CONSTANCE, CÉSARINE, PILLERAULT.

CÉSARINE, sautant au cou de Pillerault.

Oh! merci, mon oncle, merci!

PILLERAULT, avec peine.

Mes chers enfans. tout ce que je vois, tout ce que j'apprends me fait une peine extrême... j'ai l'expérience de la vie et je ne vous le cache pas, je prévois quelque horrible catastrophe.

CONSTANCE.

Mon Dieu! mon Dieu! prenez pitiez de nous!..

CÉSARINE.

Maman, ne t'affliges pas ainsi.

CONSTANCE.

Ce n'est pas sur moi que je pleure, ma fille, j'aurai de la force. mais toi, ma pauvre enfant. toi, dont je voyais l'avenir si riant... Ah! j'aurais dû prévoir ce malheur!

CÉSARINE.

Je te le répète, tu t'alarmes à tort; rien n'est encore désespéré, ce n'est qu'une erreur de date facile à réparer...

CONSTANCE.

Tu savais donc?..

CÉSARINE.

Oui, maman, mais mon père m'avait recommandé de ne pas t'en parler... il te connait... et la crainte de te causer quelque inquiétude... va. je ne souhaite qu'une chose au monde, c'est d'être aimée comme il t'aime.

CONSTANCE, la pressant dans ses bras.

Chère enfant!.. je voudrais me faire illusion...

CÉSARINE.

Allons, voyons, rassure-toi. sèche tes pleurs... il va revenir. il a été chez une personne qni l'aidera, je ne puis en douter... tiens. on ferme la porte. j'entends ses pas dans l'escalier. oui. le voilà. le voilà!

SCENE XIV.

LES MÊMES. BIROTTEAU, pâle, défait, comme égaré, se précipite en scène.

CÉSARINE, courant à sa rencontre.

Mon père, nous sommes sauvés. n'est-ce pas?

BIROTTEAU, après un temps et avec effort, mais bas à sa fille.

Nous sommes perdus!

CÉSARINE.

Vous n'avez donc pas vu Popinot?

BIROTTEAU.

Je l'ai vu.

CÉSARINE.

Eh bien?

BIROTTEAU.

C'est un ingrat.

CÉSARINE, se cachant la figure dans son mouchoir.

Oh! mon Dieu!

BIROTTEAU.

Maudissez-moi. nous sommes ruinés!

TOUS.

Ruinés!

BIROTTEAU.

Sans ressources... oh! misérable Dutillet!

CONSTANCE, avec effroi.

Que dis-tu?

BIROTTEAU.

Il est parti.

CONSTANCE.

Est-il possible!

BIROTTEAU.

Et personne pour me tendre une main amie, pour maider à sortir de cet abîme!.. un espoir me restait, je devais y compter... un être que j'avais élevé comme mon enfant, dont j'avais commencé la fortune... je me suis adressé à lui: Popinot, lui ai-je dit, tu peux me sauver l'honneur et la vie: savez-vous ce qu'il m'a répondu? Vous me demandez des billets à quatre-vingt-dix jours; dans trois mois, il me sera imposible de les payer, je ne le puis, je vous refuse! O! ingratitude des hommes!...

PILLERAULT.

Il a bien fait, et je l'approuve, souscrire des effets de complaisance, se lancer dans un système de circulation, c'est, selon moi, un commencement de friponnerie, c'est la fausse monnaie du papier!

BIROTTEAU.

Mais vous, mon oncle, m'abandonnerez-vous aussi?.. vous ne répondez pas?

PILLERAULT.

Mon neveu, quand bien même je vendrais tout ce que je possède, cela serait insuffisant, tu es trop fortement compromis... il vous faudra peut-être du pain à tous, et vous le trouverez chez moi.

BIROTTEAU.

Du pain!

PILLERAULT.

Oui, du pain; vois donc les choses comme elles sont, tu ne t'en tireras pas; je te vois fâché contre moi, mais plus tard, tu me rendras justice en pensant à ta fille et à ta femme.

BIROTTEAU, altéré.

Je n'ai donc plus qu'à mourir!　　　　(Il se laisse tomber sur un siége.)

<h2 style="text-align:center">SCÈNE XV.</h2>

LES MÊMES, POPINOT.

POPINOT, qui a entendu les derniers mots.

Non, vous ne mourrez pas!

CÉSARINE.

Ah! c'est lui!

POPINOT, s'approchant de Birotteau.

Mon cher et bien aimé patron, n'est-ce pas que j'avais perdu déjà dans votre estime... vous doutiez de mon attachement pour vous, de mon amour pour... pour votre famille entière... je vous avais refusé cruellement... vous, à qui je dois tout ce que je sais!.. ah! pardon! pardon!.. voilà ce que vous m'avez demandé.　　　　(Il lui montre des billets.)

Air de Téniers

Ah! ce n'est point un sacrifice,
Je les ai signés sans regrets;
Moi refuser de vous rendre service,
Comme un ingrat, me conduire, oh! jamais!
Quand le sort dans son inconstance,
Vient vous accabler de ses coups,
Par dévoûment et par reconnaissance,
Je dois lutter et périr avec vous.

PILLERAULT, à part.

Brave garçon... excellent cœur!..

CÉSARINE.

J'étais bien sûre de lui!

POPINOT.

Oh! soyez sans inquiétude... j'ai étudié ma position... je paierai... sauvez, sauvez votre honneur!

BIROTTEAU, se levant.

Oh! tu me rends la vie!.. Popinot!.. tu m'avais fait bien du mal!.. mais
ce moment efface tout!.. donne! donne!

PILLERAULT, saisissant les billets.

Un moment! un moment!.. (Se retournant vers Popinot.) Jeune homme, tu
es digne de l'estime de tous ceux qui ont du cœur!.. si j'avais une fille,
eût-elle un million, n'eusses-tu rien!.. si elle t'aimait, avant quinze jours
vous seriez mariés!.. (A Birotteau.) Mon neveu, plus d'illusions, on doit
faire les affaires avec des écus et non avec des sentimens... ceci est sublime, mais inutile!..   Il déchire les billets.

POPINOT.

Monsieur!

BIROTTEAU.

Que faites-vous!

CONSTANCE et CÉSARINE.

Mon oncle!

PILLERAULT.

Pourquoi donc entraîner cet enfant dans ta chute? c'est détruire son
avenir!.. c'est vous priver l'un et l'autre de toutes les chances de sa maison!.. et qui sait si un jour elle ne sera pas ton refuge!

BIROTTEAU.

Mais mon oncle, que voulez-vous donc que je fasse?

PILLERAULT.

Que tu déposes ton bilan!..

BIROTTEAU.

Jamais! jamais!

PILLERAULT.

Aimes-tu mieux arriver à une faillite honteuse? aujourd'hui, tu n'es
qu'un imprudent... dans deux mois tu serais un malhonnête homme!..

CONSTANCE, à part.

Il en mourra!

CÉSARINE.

Mon père!..   (Birotteau se cache la figure dans ses mains.)

PILLERAULT, à Popinot.

Mon garçon, apporte les livres... (Popinot sort.) Allons, Birotteau, un
peu de fermeté!   (Il lui prend la main.)

BIROTTEAU, accablé.

Oui, mon oncle, oui...

CONSTANCE.

Voilà donc mon rêve accompli!

BIROTTEAU.

Oh! oui... je m'attends à tes reproches... insensé que je suis, de ne l'avoir pas écoutée!..

CONSTANCE.

Oh! pardon, mon ami, j'ai tort... voilà le malheur venu, je serai résignée, pleine de force, et tu n'entendras jamais une plainte!

BIROTTEAU, passant vers Césarine.

Ma chère Césarine!..   (Il l'embrasse.)

CÉSARINE.

Voyez, mon père, je suis calme, je ne pleure pas.

BIROTTEAU, montrant Popinot qui s'est placé à une table avec les livres.

Pauvre Popinot... le malheur a cela de bon, ma fille, qu'il nous apprend
à connaître nos amis.

SCÈNE XVI.

LES MÊMES, GAUDISSART, en tenue de voyage, une cravache à la main. Popinot et Pillerault travaillent sur les livres à droite. Césarine et Constance occupent
la gauche. Birotteau est au milieu.

GAUDISSART, en dehors.

Retenez bien la grise, sans quoi, elle va partir, la gaillarde...

Entrant.   Vite en route
Beau voyageur!..

Ah! pardon!.. gaîté intempestive... (Il regarde de tous les côtés.) Je saisis l'anecdote... allons, Gaudissart, ne plaisantons pas, ou je vous ôte mon estime!.. (Il s'approche de Birotteau et lui saisit la main.) M. Birotteau... quand un homme comme vous... certainement ça fend le cœur... mais l'honneur est sauf!.. et je ne vous en dirai pas davantage...

BIROTTEAU.

Merci, mon ami... vous partez?.. bonne chance.

GAUDISSART.

Comptez sur moi, M. Birotteau! voilà qui vous sauvera!

(Il déploie une affiche monstre sur laquelle on lit : Huile Césarienne en caractères énormes.)

Trouvez m'en une pareille!.. Popinot!.. es-tu satisfait? si j'étais chauve, j'en achèterais de votre huile, non pas pour me faire pousser des cheveux, parce que je ne crois pas à ces bamboches-là, mais rien que pour l'affiche.

Air du Maçon.

Amis, dans ce moment funeste,
Qu' l'espoir anime votre cœur...
Songez-y, Gaudissart vous reste,
Il ramènera le bonheur!
Ah! quand je me mets à l'ouvrage,
Vous allez le voir à l'ouvrage
Avec l'affiche que voilà !..
Du courage
Les amis sont toujours là !

(Pendant que l'orchestre joue en sourdine la ritournelle et accompagne jusqu'à la fin de l'acte.)

Adieu, mes amis, adieu, Popinot... nous nous reverrons aux prés Saint-Gervais... c'est-à-dire, non... je me blouse!.. (Presque bas.) Nous nous reverrons à la mairie... adieu... à bientôt!.. (En sortant.) Oh! la grise! oh!..

SCENE XVII.

LES MÊMES, excepté GAUDISSART.

PILLERAULT, se levant et présentant une plume à Birotteau.

Allons, mon ami, le moment est venu... il faut signer!..

BIROTTEAU.

Le déshonneur est là... je ne dois plus songer qu'à la réparation... j'ai rêvé pendant vingt-deux ans... je me réveille aujourd'hui paysan tourangeau, mon bâton à la main!.. (Il prend la plume et va pour signer. Ah! attendez!.. (Il détache sa croix et la présentant à Pillerault.) Vous me la rendrez quand je pourrai la porter sans honte!

CONSTANCE. à part.

Que Dieu lui donne la force de supporter ce coup-là!

(Birotteau a signé et reste comme anéanti.)

POPINOT.

Maintenant, monsieur, et vous, madame, faites-moi l'honneur de m'accorder la main de Mlle Césarine.

BIROTTEAU, vivement.

Mon enfant, tu n'épouseras jamais la fille d'un failli!

GAUDISSART, dans la coulisse.

Du courage
Les amis sont toujours là !..

Adieu, Popinot!

POPINOT. allant à la croisée.

Adieu!.. adieu!..

TOUS.

Du courage,
Les amis sont toujours là !..

(On entoure Birotteau qui embrasse sa femme et sa fille.—Tableau.)

FIN DU DEUXIÈME ACTE.

ACTE III.

Au lever du rideau Césarine est endormie dans un fauteuil placé sur l'avant-scène do gauche et près d'une porte ouverte; à côté d'elle est une table sur laquelle se trouvent, une potion, un verre et une lampe de nuit: Césarine tient encore à la main l'ouvrage auquel elle travaillait. Birotteau est du côté opposé assis à un bureau, il travaille: le jour arrive par degrés.

SCÈNE I.
BIROTTEAU, CÉSARINE.

BIROTTEAU.

Déjà sept heures... mon travail est bientôt fini... je pourrai le porter ce matin à mon bureau... je suis assez fort maintenant pour sortir, pour travailler...

CÉSARINE, rêvant.

Mon père... ne bougez pas... je vais vous donner votre potion...

BIROTTEAU, se retournant.

Pauvre Césarine!.. elle s'est endormie en travaillant!.. elle me croit dans ma chambre et dans mon lit!.. si elle savait que j'ai passé une partie de la nuit à écrire... c'est qu'au bout du compte... il y a deux mois que je suis malade, que je ne fais rien... pendant ce temps-là les appointemens s'arrêtent et les visites du médecin marchent toujours. (Il se lève.) Là, voilà qui est fait... à présent, il faut rentrer dans ma chambre, bien doucement afin que Césarine ne sache pas...

CÉSARINE, se réveillant.

O ciel!.. mon père!.. vous souffrez!.. me voilà!.. me voilà. (Elle se lève.)

BIROTTEAU.

Bon!.. elle est éveillée!..

CÉSARINE, passant la main sur ses yeux.

Malheureuse!.. je m'étais endormie... et mon père!.. mais ce cri... c'est bien lui... il m'a appelée...   (Elle s'élance vers la porte de la chambre.)

BIROTTEAU.

Césarine? (Elle s'arrête et se retourne.) Je suis là.

CÉSARINE.

Levé!.. levé!.. à cette heure!.. oh!.. quelle imprudence!.. (Elle vient à lui.)

BIROTTEAU.

Non... non je suis bien je te jure.

CÉSARINE.

Mais vous oubliez donc ce qu'a dit le docteur?.. le plus grand repos est encore nécessaire... la moindre imprudence pourrait rendre à la maladie toute sa première force... oh! mais je vous accuse... et je suis seule coupable!.. mon père est convalescent... je le veille et je m'endors.. oh!.. c'est mal... bien mal... pardon, mon père... pardon.

BIROTTEAU, après l'avoir embrassée sur le front.

Allons... allons calme-toi... je me suis levé un peu plus tôt qu'à l'ordinaire et voilà tout.

CÉSARINE.

Et vous avez travaillé, j'en suis sûre... oh!... tenez, en voilà la preuve... mais vous voulez donc nous chagriner tous? il faut donc vous surveiller comme un enfant?...

BIROTTEAU.

Ne me gronde pas... je t'en prie...

CÉSARINE.

Mais il ne faut pas vous tuer!

BIROTTEAU.

Il n'y a pas de danger... je suis solide. va!...

Air : mon Gamabel.

Je suis guéri, (bis.)
Rassure-toi chère petite,
Sur mes pieds je suis raffermi;
Mon médecin homm'de mérite.

Ne veut plus me fair'de visite.
Je suis guéri, (bis.)

CÉSARINE.

Comment, mon père. vous êtes décidé à retourner à votre bureau... dès demain...

BIROTTEAU.

Oui, dès demain... tout le monde travaille autour de moi... et pour moi! pour réparer le mal dont je suis cause... ta mère... ma Constance... ne s'est-elle pas condamnée à tenir les écritures chez des étrangers? toi-même, chère enfant, n'es-tu pas réduite à être demoiselle de magasin?..

CÉSARINE.

Mon père!...

BIROTTEAU.

Et tu veux que je reste les bras croisés à vous regarder? non, non, je me dois à mes créanciers, je n'aurai ni repos, ni trève que je ne les aie tous payés intégralement... ah! le jour où je serai réhabilité sera un beau jour pour moi!.. et pour toi aussi, ma Césarine... car je comprends tes petits chagrins... et ceux de ce pauvre Popinot... si bon, si dévoué!.. écoute!. tu sais si je l'aime, si je serais heureux de te voir mariée, mais je l'ai dit et j'y tiens... point de mariage tant que je ne serai qu'un failli... eh bien! tu pleures?...

CÉSARINE.

C'est plus fort que moi, car je puis vous l'avouer mon père... je l'aime... oh!.. tenez... à mon tour je vous jure que je n'y penserai plus à ce mariage... tant que... vous ne serez pas heureux et réhabilité!...

BIROTTEAU.

Embrasse-moi, te voilà raisonnable!.. (Il l'embrasse.) Un peu de patience... dans peu de temps, je l'espère... (A part, en se dirigeant vers la porte de gauche.) peu de tems... des années peut-être! (S'arrêtant sur le seuil de la porte et tendant la main à Césarine.) Patience... tu entends... mais jusque-là!...

CÉSARINE.

Je vous l'ai promis, je n'y penserai pas.   (Birotteau sort.)

SCÈNE II.

CÉSARINE.

N'y plus penser!.. oh!. cela me serait impossible.

Air: Mon Seigneur l'a défendu.

Ma mémoire avec ivresse,
Me rappelle encor ces jours,
Où le cœur plein de tendresse:
Il jurait de m'aimer toujours...
(Mettant la main sur son cœur.)
Non de là j'aurai beau faire,
Rien ne pourrait l'effacer...
Mais je l'ai promis à mon père,
Non... non je n'y dois plus penser,

Comment veut-on que j'oublie;
Son dévoûment, son amitié?
Pour nous quand il se sacrifie,
Mon sort au sien est lié,
De mon amour je suis fière:
Ah! pourrais-je y renoncer...
Mais je l'ai promis à mon père,
Non, non, je n'y dois plus penser!

SCÈNE III.

CÉSARINE, CONSTANCE, puis après BIROTTEAU.

CONSTANCE, entrant par le fond.

Bonjour, ma fille... eh! bien?.. ton père?..

CÉSARINE.

Mieux... beaucoup mieux...

CONSTANCE.

Enfin!.. ses palpitations?.. ont-elles été bien fortes?..

CÉSARINE.

Non... au contraire.

CONSTANCE.

Pourvu que les pressentimens du médecin ne se réalisent pas!.. il craignait un anévrisme au cœur!.. et c'est une maladie cruelle qui pardonne si rarement!

CÉSARINE.

Chut!.. le voici!..

BIROTTEAU, entrant.

Ah!.. ma femme!.. tu es donc libre, aujourd'hui. bichette?

CONSTANCE.

Sans doute... n'est-ce pas dimanche?

BIROTTEAU.

C'est vrai...

CONSTANCE.

Et la fête de Césarine!..

BIROTTEAU, passant près de sa fille.

Oh! je l'avais oublié... Eh bien... tant mieux!.. ce sera un jour de repos et de bonheur au milieu de nos jours d'affliction.

CÉSARINE.

Oh! oui; car nous fêterons votre retour à la santé.

BIROTTEAU.

C'est à toi, chère fille, à toi et à ta mère que je dois d'être encore de ce monde... quels soins touchans, quelle tendre amitié!.. pendant cette longue et douloureuse maladie, je n'ai pas ouvert les yeux une seule fois sans trouver là, près de moi, ma femme et ma fille, et souvent la nuit, toutes les deux, inquiètes, attentives, cherchant à deviner ma souffrance pour la prévenir ou la combattre!.. Oh! que de fois aussi n'ayant pas la force de vous remercier en vous serrant dans mes bras, je vous ai bénies dans ma pensée!.. que de fois j'ai remercié Dieu de m'avoir donné ces deux biens inappréciables, une bonne épouse et une fille tendre!

Air de l'Anonyme.

Vous méritez de bien justes louanges;
A votre amour que ne devrai-je pas?
Auprès de moi, j'ai toujours eu deux anges,
Et leurs doux soins éloignaient le trépas.
Ah! je le vois!.. pendant notre existence,
Pour nous aimer la femme est toujours là...
Quand le plaisir réclame sa présence,
Quand le malheur lui dit: viens, me voilà!

CONSTANCE.

Que je suis heureuse! (A Césarine qui a repris les livres sur lesquels elle travaillait.) Eh bien! où vas-tu donc, Césarine?

CÉSARINE.

Je vais me disposer à reporter au magasin les lives de compte... car on doit en avoir besoin.

CONSTANCE.

Hâte-toi. mon enfant... et tâchons aujourd'hui de nous quitter le moins possible.   (Césarine sort.)

SCÈNE IV.

CONSTANCE. BIROTTEAU. PILLERAULT.

PILLERAULT.

Bonjour, mes amis... Eh bien! Birotteau, il paraît que nous sommes sur pied?

BIROTTEAU.

Vous voyez, mon oncle...

PILLERAULT.

Allons... je t'apporte quelque chose qui ne te fera pas de mal, je le jure.

BIROTTEAU.

Encore quelques châteries... des futilités...

PILLERAULT.

Ah ben! oui; de l'argent!.. à toi, bien à toi... et que tu vas pouvoir distribuer à tes créanciers... aujourd'hui tu pourras en solder deux de plus!..

BIROTTEAU.

Ah! mon oncle!.. quel bien vous me faites!.. mais cet argent d'où vient-il donc?

PILLERAULT.

Eh! parbleu!.. le mois d'appointemens de ta femme... celui de ta fille... et le tien...

BIROTTEAU.

Le mien!.. Je suis malade depuis six semaines!..

PILLERAULT.

Ça ne fait rien... on a payé...

BIROTTEAU.

Mais, ce n'est pas juste... je ne veux pas... je ne dois pas...

PILLERAULT.

Quelle diable de susceptibilité... ça se fait toujours.

CONSTANCE, à part.

Cher oncle!.. je suis bien sûre que c'est lui!..

PILLERAULT.

Ensuite, il y a la part dans les bénéfices de l'huile Césarienne pendant le dernier trimestre...

BIROTTEAU.

Ah! pour ceci... un instant!.. diable! je ne veux pas accepter... je ne suis pas l'associé de Popinot!..

PILLERAULT.

Eh! n'est-il pas libre de te considérer comme tel?

BIROTTEAU.

J'en conviens... mais c'est égal, si j'acceptais... cela n'empêcherait pas d'économiser pour le payer.

PILLERAULT.

Libre à toi!.. mais je te préviens que j'ai écrit à la mère Madou et au tapissier...ce matin, ils viendront toucher la solde de leurs créances.

CONSTANCE.

Ah!.. mon ami!.. vois donc, quel bonheur!..

BIROTTEAU.

Je ne sais pas comment vous faites, mon oncle, mais vous avez le don de me persuader...

PILLERAULT.

A la bonne heure!..

Air : Apportez vos pinceaux. (Le Vendu.)

Ça va bien,
Espérance
Et confiance,
Ça va bien
Quand l'honneur ne risque rien!

Chacun cite ta droiture,
La noblesse de ton cœur...
Quand la conscience est pure,
On grandit par le malheur!

ENSEMBLE.

Ça va bien, etc.

CONSTANCE.

Si tu n'as plus la richesse,
Si tes biens te sont ravis,
Il te reste ma tendresse,
Une fille!..

BIROTTEAU, prenant la main de Pillerault.

Et des amis!..

ENSEMBLE.

Ça va bien, etc.

SCENE VI.
LES MÊMES, LA MADOU.

LA MADOU, entr'ouvrant la porte du fond.

On peut-y entrer?

PILLERAULT.

Oui... oui... entrez, mère Madou.

LA MADOU.

Salut, mes bourgeois... j'ai reçu vot' poulet ous que vous me dites de passer... et je passe en passant... est-ce qu'il vous faudrait des noisettes?.. car Dieu soit béni, je n'vends pas aut' chose depuis que c'bon M. Birotteau...

PILLERAULT.

C'est lui qui veut vous parler.

BIROTTEAU.

Oui, mère Madou, c'est moi...

LA MADOU.

Ah! seigneur Jésus... est-il possible!.. c'est vrai que c'est lui .. ah! l'cher homme...

BIROTTEAU.

Vous me trouvez un peu changé?

LA MADOU, à part.

Comme il est blanchi!

BIROTTEAU.

C'est que j'ai été malade!

LA MADOU.

Vrai!.. et vous n'm'avez pas fait demander?.. j'vous aurais soigné, moi, gratis prodéo!..

CONSTANCE.

Merci, Mme Madou... mais nous étions là, ma fille et moi...

LA MADOU.

Encore des belles gardes-malades... c'est fort comme des allumettes, et ça se donne un mal de chien caniche... ah! si j'osais m'fâcher...

BIROTTEAU.

Excellente femme! le plaisir que j'ai à vous entendre double celui que je vais avoir à vous payer.

LA MADOU.

Me payer... mais vous n'me devez rien!.. je vous ai donné mon acquit et c'est une affaire bâclée!

BIROTTEAU.

Non... non!.. je ne l'entends pas pas ainsi!..

Air : Amis, voici la riante semaine.

Mes créanciers m'ont tous donné quittance,
Je ne leur dois plus rien d'après la loi,
Mais je leur dois d'après ma conscience,
Et les solder est un devoir pour moi!..

(Présentant de l'or à La Madou.)

De mon travail, cet or est le salaire!..
Prenez!.. prenez!.. je l'offre avec bonheur!
Je n'ai plus rien... qu'importe la misère!..
Je suis au moins riche de mon honneur!..

LA MADOU.

Ah ben! si c'est comme ça, j'me ferai pas prier long-temps!.. ous' qu'il y a une plume que j'vous griffonne ça.

PILLERAULT, à la table à droite.

Tenez, ici... mère Madou.

LA MADOU.

Ah ben!.. ah ben!.. la farce est bonne, excusez!.. drès ce matin j'vas proclamer c'l'action-là dans toute la halle!.. en v'là d'l'honneur à la bonne mesure et les quatre au cent.   (Elle va signer.)

BIROTTEAU.

Ah! mon oncle, vous aviez raison tout à l'heure, et c'est maintenant que je puis chanter:

Ça va bien,
Espérance
Et confiance,
Ça va bien,
Quand l'honneur ne risque rien!..

LA MADOU.

Quand par hasard, sur la terre,
On trouve un homm' si parfait,
Il faudrait le mett' sous verre,
Pour la rareté du fait.

BIROTTEAU.

Attendez-moi, mère Madou, et nous partons ensemble... oui... je veux aller moi-même solder le tapissier... c'est un plaisir que je veux me donner pour ma première sortie...

ENSEMBLE.

Ça va bien, etc.

(Birotteau donne le bras à la Madou et ils sortent ensemble.)

SCENE VII.

CONSTANCE, PILLERAULT.

CONSTANCE.

Mon oncle, maintenant que nous sommes seuls, je puis vous exprimer toute ma reconnaissance... depuis long-temps je vous ai deviné, et sur les sommes que vous avez remises à Birotteau, une grande partie a été ajoutée par vous... oh!.. convenez-en, mon oncle!..

PILLERAULT.

Eh bien!.. eh bien, oui!

CONSTANCE.

Ainsi, ce n'est pas assez de nous avoir recueillis chez vous... vous entamez encore votre modique fortune pour aider mon mari dans la tâche qu'il s'est imposée...

PILLERAULT.

C'est que cette tâche est honorable... que Birotteau est affaibli par le travail, par la souffrance, et que s'il n'arrive pas bientôt au but de tous ses désirs, il en mourra de chagrin!

CONSTANCE.

Vous me désespérez, mon oncle.

PILLERAULT.

Que veux-tu, ma pauvre enfant, je ne me fais pas illusion, moi, et je pense sans cesse à ce que le médecin nous a dit : « Une émotion violente pourrait le tuer! »

SCENE VIII.

LES MÊMES, POPINOT.

(Il tient un grand pot de fleurs à la main et il a ses poches pleines de différens objets.)

POPINOT.

C'est moi, M. Pillerault!.. salut bien, ma future belle-mère!.. ah! ça paraîtrait que mon futur beau-père est guéri... je viens de l'apercevoir sous le bras droit de la mère Madou... tant mieux, fichtre!.. car j'ai donné campo à tous mes subalternes, je suis indépendant de mon dimanche et je suis d'avis qu'on égaie un peu la journée!.. n'avez-vous pas dit qu'il y aurait une petite... régalade?..

PILLERAULT.

Oui... un diner de famille.

POPINOT.

Bravo!.. je me suis mis en mesure, je n'ai déjeuné qu'une fois, comme dans la semaine, afin d'avoir plus d'appétit...

PILLERAULT.

Ah ça! et les affaires?

POPINOT.

Oh! la capitale marche bien... je suis content d'elle... et mes relations ne font que croître et embellir... (A mesure qu'il parle, il tire des sacs de sa poche et les remet à Constance ou à Pillerault, en fesant passer son pot de fleurs d'un bras sur l'autre.) J'ai envoyé cent bouteilles aux trois Capucins... ce sont des mendians... Cinquante bouteilles au Chat qui Pêche... un homard... Et enfin j'ai reçu une demande conséquente des Bayalères... poires tapées!

CONSTANCE.

Avez-vous fini?

POPINOT.

Oui, future belle-mère!.. ah! non!.. (Il tire une énorme clé.) ah! si! c'est mon passe-partout! (Il le remet dans sa poche.) ah! si la province allait comme Paris... mais hélas!..

CONSTANCE.

Est-ce que les demandes deviennent plus rares?

POPINOT.

C'est-à-dire que depuis un mois... dame!.. il faut que je vous l'avoue... depuis un mois... n, i, ni... plus de nouvelles de la province... pas un mot de Gaudissart!..

CONSTANCE.

En vérité!.. lui qui avait si bien réussi d'abord, et qui vous fesait dans toutes ses lettres de si belles promesses!..

POPINOT.

Voilà les amis!.. il aura trouvé plus d'avantages dans une autre partie... et bonsoir pour la nôtre!..

PILLERAULT.

Diable!.. c'est dommage... Gaudissart était un puissant auxiliaire!..

CONSTANCE.

Encore une contrariété!..

POPINOT.

Bah!.. bah!.. faut pas s'affliger de ça... mais à propos, et Mlle Césarine.

CONSTANCE.

Elle va venir!

POPINOT.

Il me semble qu'aujourd'hui nous pourrions bien profiter de la circonstance pour chauffer ferme le papa... et pour enlever d'assaut son consentement.

CONSTANCE.

Nous essaierons... mon ami...

POPINOT.

Si vous voulez bien vous en charger, nous réussirons, j'en suis sûr! et vrai il sera temps; car depuis six mois, je sens que le sentiment m'étouffe... et il est cruel de manger toujours du pain sec à la fumée... d'un bon dîner?

CONSTANCE.

Voici ma fille.

SCÈNE VIII.

Les Mêmes, CÉSARINE.

POPINOT, passant vers elle.

Mademoiselle...

CÉSARINE, surprise.

Ah! c'est vous, monsieur.

POPINOT.

Souffrez qu'en présence de votre mère et de votre oncle, je vous renouvelle l'aveu d'un amour qui remplit mon cœur... et dont ce simple pot est le gage.

CÉSARINE.

Je vous remercie, monsieur.

(Elle prend le pot et le pose sur la table, à côté d'elle.)

CONSTANCE.

Embrassez-la donc.

POPINOT.

Que je... ah! ciel! je sens un frisson qui m'inonde tout le corps. (A Césarine.) Souffrez... (Il l'embrasse. A part.) Ah! fichtre! c'est crânement bon!

CONSTANCE.

Allons, ma fille, n'oublie pas ton magasin!

CÉSARINE.

Oui, ma mère, j'y vais. *(Elle remonte la scène.)*

UNE DOMESTIQUE, entrant.

Mademoiselle, voici une lettre qu'un commissionnaire vient d'apporter, il attend la réponse.

CÉSARINE.

Une lettre pour moi? *(Elle la prend et la donne à Constance.)* Tenez, ma mère.

CONSTANCE, après avoir ouvert la lettre et l'avoir lue.

Oh! pauvre enfant!

CÉSARINE.

Qu'est-ce donc?

CONSTANCE.

Rien, rien... on te demande les livres de ton magasin.

CÉSARINE.

Je vais les reporter moi-même.

CONSTANCE.

Non, tu n'iras pas... donne. *(Elle prend les livres et les donnant à la domestique.)* Voici la réponse.

LA DOMESTIQUE.

C'est bien, madame. *(Elle sort.)*

CÉSARINE.

Je ne puis comprendre ce que cela signifie.

CONSTANCE.

On te reproche le temps que tu as passé auprès de ton père pour le soigner... on t'accuse d'avoir laissé les écritures en arrière de quelques jours... et enfin...

CÉSARINE.

On me renvoie!..

CONSTANCE.

Ainsi donc, tout arrive à la fois, tout!

CÉSARINE.

Une place de douze cents francs!.. vous le voyez, M. Popinot, mon jour de fête sera pour moi, un jour de chagrin... j'étais utile à mes parens, et je vais leur être à charge.

PILLERAULT.

Eh bien! petite folle, que dis-tu? et moi donc!.. est-ce que je ne suis pas là? nous te trouverons une autre place... Mais au nom du ciel, que Birotteau ne se doute de rien... il est aujourd'hui plus gai, plus heureux qu'à l'ordinaire, et... mais, je l'entends... oui, c'est lui qui revient... vite, vite essuyez vos larmes, et ne changez pas sa joie en tristesse.

SCÈNE IX.

LES MÊMES, BIROTTEAU.

BIROTTEAU, revenant dans la plus vive agitation et se retournant à la porte comme pour parler à quelqu'un.

Va, va... misérable... va faire de nouvelles dupes, et étaler sans honte tes richesses volées.

CONSTANCE.

Mon Dieu! mon ami, qu'est-il donc arrivé?

BIROTTEAU.

Je revenais le cœur joyeux, content, lorsqu'au détour de la rue, forcé de m'adosser à la muraille pour éviter d'être écrasé, je lève les yeux et j'aperçois dans un brillant équipage, l'auteur de tous mes maux, l'infâme Dutillet!.. sa vue a réveillé toutes mes souffrances... je n'ai pu maîtriser mon indignation... Je sentais là quelque chose qui m'étouffait, je voulais lui jeter à la face son titre de fripon! mais il était déjà bien loin, emporté par la vitesse de ses chevaux; et moi, j'étais resté cloué contre ma borne, le désespoir dans l'ame et la rage dans le cœur!..

PILLERAULT.

Allons, voyons, calme-toi!..

BIROTTEAU.

Que je me calme! quand je le vois riche!.. lui, riche! après la plus honteuse des faillites! il a donné quinze pour cent... et il éclabousse dans la

rue ceux qu'il a volés!.. moi j'ai donné quatre-vingt pour cent et je me
tue pour payer le reste!

PILLERAULT.

Il a volé le code à la main en remplissant toutes les conditions voulues...
la loi le protége, et appuyé sur elle le banqueroutier fait l'insolent!

BIROTTEAU.

Oh ! c'est à se briser la tête!

Air : Un page aimait la jeune Adèle

Entre nous deux , voyez la différence ,
Après m'avoir lâchement ruiné,
Il vit heureux au sein de l'opulence ,
Au travail , moi je suis condamné !
Voilà donc la chance commune !
Par un renversement fatal ,
Le fripon marche à la fortune ,
Et l'honnête homme à l'hôpital

PILLERAULT.

Tu as raison , mon neveu, mais tu ne changerais pas ta position contre
la sienne !

BIROTTEAU.

Oh ! non, non , chers amis... pardon si je vous afflige...

CONSTANCE.

N'y pensons plus!

PILLERAULT.

Un temps meilleur viendra, sois-en sûr!   (On entend au-dehors.)

Du courage, (bis.
Les amis sont toujours là!

POPINOT.

Ah ! mon Dieu! cet air... cette voix... c'est Gaudissart ! (Il court au fond.)

BIROTTEAU.

Gaudissart !

PILLERAULT.

Eh bien! que te disais-je ?

POPINOT.

Eh ! oui, le voilà!.. arrive donc !

SCÈNE X.

Les Mêmes. GAUDISSART.

GAUDISSART.

Bonjour. moutard... bonjour , tout le monde !
(Il embrasse Birotteau, Constance, donne la main à Pillerault et salue Césarine.)

POPINOT.

Tu ne nous as donc pas oubliés, tu as donc toujours pensé à nous ?

GAUDISSART.

Vous oublier! Gaudissart oublier ses amis! qu'est-ce qui a dit ça? toi ?..
Bénis le jour où tu devins mon ami... sans ce jour-là... et si j'avais le
temps!.. (A Birotteau.)

Air du Maçon.

Dans tout' la France, avec l'affiche,
Votre huile a pris et se vend bien ;
Mais aujourd'hui, pour vous fair' riche ,
Je possède un plus sûr moyen.
Votre bonheur sera mon ouvrage,
Et j' réussirai, tout le présage ,
Grace aux deux chiffons que voilà.   (Il montre deux lettres.)
Du courage , (bis.
Les amis sont toujours là.

ENSEMBLE.

Du courage , etc

POPINOT.

Explique-toi.

BIROTTEAU.

Je ne comprends pas.

ENSEMBLE. {

PILLERAULT.

Que signifie.

CONSTANCE.

Mais dites-nous...

CÉSARINE.

Parlez donc...

GAUDISSART.

Un peu de silence, si c'est possible !.. plus tard nous jaserons à notre aise !.. et vous me bénirez !.. Ah ! d'abord, père Pillerault, je me suis permis de disposer de votre local... on va venir me demander ; j'ai prévenu votre suisse et votre soubrette !.. mais attendez !.. une voiture s'arrête à la porte (Allant à la fenêtre.) Oui, c'est lui !..

BIROTTEAU.

Lui !.. qui lui ?..

GAUDISSART.

Vite, rentrez dans votre chambre... gardez-vous de paraître... quand il en sera temps je vous préviendrai... et vous, mesdames, laissez-moi et priez le ciel que je réussisse dans mon projet.

ENSEMBLE.

Finale du 1ᵉʳ acte de la Modiste.

Quel est donc
La raison
De ce rendez-vous ?
Taisons-nous ,
Et retirons-nous !

GAUDISSART.

Allez donc , laisez-nous
Et retirez-vous ,
Vous saurez la raison
De ce rendez-vous.

(On sonne au-dehors Gaudissart pousse Birotteau, Césarine et Constance qui rentrent par la gauche.)

GAUDISSART, retenant Pillerault et Popinot.

Quant à vous, mes amis, soyez prêts à me soutenir si je vous appelle à mon secours... car il sera peut-être nécessaire d'en venir... vous m'entendez !..

PILLERAULT.

Une esclandre chez moi !..

GAUDISSART.

C'est pour votre repos à tous...

POPINOT.

Ne crains rien. je vas prendre mes précautions.

GAUDISSART.

Vite ! à votre poste.   Pillerault entre à droite, Popinot à gauche.)

SCÈNE XI.

GAUDISSART, DUTILLET.

DUTILLET, paraissant au fond.

Monsieur Gaudissart ?..

GAUDISSART.

C'est moi-même... entrez donc, monsieur, je vous en prie... c'est à M. Dutillet que j'ai l'insigne honneur de parler ?

DUTILLET.

Vous vous êtes donné la peine de passer à mon hôtel... j'étais absent !..

GAUDISSART.

Désolé de vous avoir dérangé...

DUTILLET.

Mes courses m'ont amené dans le quartier... j'ai vu d'après votre billet que vous aviez une affaire importante à me proposer...

GAUDISSART.

Mais prenez donc un fauteuil, je vous en conjure. (Il lui avance un fauteuil et va chercher une chaise pour lui. A part.) Ferme, Gaudissart!.. sois adroit mon bonhomme!.. tu as affaire à un malin!.. il faut le jouer sous jambe ! (Il vient s'asseoir près de Dutillet.)

DUTILLET.

Je vous écoute, monsieur.

GAUDISSART.

Il s'agit d'une créance que j'ai achetée, et que je désirerais vous céder.

DUTILLET.

A combien s'élève-t-elle ?

GAUDISSART.

Environ deux cent mille francs.

DUTILLET.

Ça commence à compter, reste à savoir si le débiteur est solvable.

GAUDISSART.

Il mène un train de millionnaire.

DUTILLET.

Je vois que nous pourrons nous entendre...

GAUDISSART.

Oh!.. comme des larrons en foire !

DUTILLET.

Voyons les pièces.

GAUDISSART.

Je les ai là... mais avant de vous les montrer, il est bon que vous sachiez comment elles se trouvent entre mes mains.

DUTILLET.

C'est inutile.

GAUDISSART.

Au contraire, c'est très utile!.. mon débiteur est un gaillard qui a fait faillite il y a quelques années...

DUTILLET.

On n'est pas à l'abri du malheur.

GAUDISSART.

Justement; pour s'abriter il avait eu l'heureuse inspiration de tromper ses créanciers en introduisant parmi eux un adroit industriel de ses amis pour une somme énorme... vous comprenez ?..

DUTILLET.

Mais c'est une banqueroute frauduleuse.

GAUDISSART.

Dame... ça y ressemble.

DUTILLET.

Et vous auriez la preuve ?..

GAUDISSART.

Authentique... cet industriel, qui, par prudence, est passé à l'étranger, ne s'est pas trouvé suffisamment récompensé de sa complaisance... le hasard m'a fait rencontrer avec lui, et après des explications que je vous passe, il a consenti à me vendre le secret de son ingrat ami. Voilà ce que je veux exploiter pour forcer la main à mon débiteur, et comme vous êtes habile, j'ai compté sur vous.

DUTILLET, se levant.

Monsieur, vous vous êtes mépris... et jamais un honnête homme ?..

GAUDISSART, se levant aussi.

Allons donc, pas de fausse délicatesse, mon cher...

DUTILLET.

Employer de semblables moyens... et d'ailleurs se peut-il que la personne ait été assez maladroite...

GAUDISSART.

On ne pense pas toujours à tout.

DUTILLET.

Je ne puis en entendre d'avantage.   (Fausse sortie.)

GAUDISSART.

Comment, pas même la lecture d'une lettre !..

DUTILLET, s'arrêtant.

Une lettre !..

GAUDISSART, tirant un papier de sa poche et lisant.
« Mon cher Claparon. »

DUTILLET.

Claparon !..

GAUDISSART.

» Réjouis-toi, je t'ai porté sur mon bilan pour une somme fictive de
» quinze cent mille francs, mes imbéciles de créanciers ont donné dans
» le panneau ; ils n'auront rien, nous sommes riches... et... (Dutillet se jette
sur la lettre, s'en empare et la déchire.) Que faites-vous ?

DUTILLET.

Je vous empêche de ternir la réputation d'un homme d'honneur.

GAUDISSART.

Dites celle d'un coquin !

DUTILLET.

Monsieur !

GAUDISSART.

La vôtre, Dutillet !..

DUTILLET.

Vous n'avez plus de preuves.

GAUDISSART.

Oh ! je savais de quoi vous étiez capable... vous n'avez déchiré que la
copie ! l'original me reste !

DUTILLET.

Malheureux !.. vous me rendrez cette lettre !..

GAUDISSART.

Pas un geste !.. nous sommes en force. (La porte du cabinet s'ouvre.) Vous
êtes floué, mon ancien !

SCÈNE XII.

LES MÊMES, POPINOT.

POPINOT, avec un manche à balai.

Faut-il taper ?

DUTILLET.

Mais c'est un guet-apens.

GAUDISSART.

Je vous conseille d'aller vous plaindre au procureur du roi, je vous ac-
compagnerai si ça vous est agréable !.. oh ! vous hésitez !.. et vous faites
bien, M. Dutillet, car l'accusateur pourrait bien devenir l'accusé... et nous
avons là pour dix ans de galères... un guet-apens !.. mais savez-vous chez
qui vous êtes ?.. chez une de vos victimes... chez Birotteau !

DUTILLET.

Je suis perdu !

GAUDISSART.

Popinot... viens ici !

POPINOT.

Faut-il taper ?

GAUDISSART.

Non laisse ça et prends cette plume, écris : Bon pour remetre au porteur..
cent quarante mille francs.. (Se retournant vers Dutillet.) Chez monsieur...
un nom solide, au moins... monsieur ?

DUTILLET.

David !

GAUDISSART.

Le banquier qui demeure dans cette rue ?.. excellent !.. allons, monsieur,
veuillez approuver (Dutillet prend la plume.) Impossible de faire les choses
avec plus de grâce.

DUTILLET.

Mais qui me répondra ?.

GAUDISSART.

Ma parole... et puis donnant... donnant ! (Dutillet signe.) vite Popinot !...

POPINOT, sortant vivement.

Je cours !

GAUDISSART, allant ouvrir la porte de Pillerault.

Vous, brave oncle, faites entrer votre neveu! (A Dutillet.) Eh bien!...M. Dutillet... vous l'aviez dit... nous devions nous entendre.

SCENE XIII.

LES MÊMES, BIROTTEAU, CONSTANCE, CÉSARINE, PILLERAULT.

Pillerault, est entré dans la chambre de Birotteau et en ressort aussitôt suivi de ce dernier, de Constance et de Césarine.

DUTILLET, vivement à Gaudissart.

Ma lettre, monsieur, ma lettre...

GAUDISSART.

Minute, pas avant que nous ayons palpé les espèces.

BIROTTEAU, entrant.

Que dites-vous, mon oncle?. lui, dans cette maison!.. il a osé!

GAUDISSART.

Eh! venez donc, M. Birotteau, venez remercier M. Dutillet...

BIROTTEAU.

Le remercier!

GAUDISSART.

Sans doute, car nous nous sommes étrangement abusés sur sa moralité... jamais monsieur n'a eu l'intention de vous faire du tort et il n'a point oublié ce qu'il vous devait... il a été malheureux pendant un tems, mais aujourd'hui qu'il a retrouvé sa fortune, il s'en sert noblement pour vous rendre la vôtre.

CONSTANCE.

Il se pourrait?...

PILLERAULT.

Je n'en puis revenir!

BIROTTEAU.

Oh! cela n'est pas croyable!

GAUDISSART, à Dutillet.

Mais dites-leur donc, monsieur, que c'est de plein gré et avec plaisir..

DUTILLET, avec contrainte.

Oui, je dois en convenir... des circonstances impérieuses m'ont seules forcé... et je suis heureux...

BIROTTEAU, confus.

Ah! monsieur!.. et moi qui tout à l'heure encore vous accusais... oui, monsieur, oui... j'ai eu l'infamie de vous accuser... de dire que vous m'aviez volé...

PILLERAULT.

Et nous l'avons tous répété, mon Dieu!

CONSTANCE.

Voyez comme on juge témérairement.

BIROTTEAU.

Vous m'excusez, n'est-ce pas?.. c'est que le malheur rend injuste!

DUTILLET.

Oh! que tout soit oublié... n'en parlons plus... de grâce...

GAUDISSART.

Que de magnanimité!

SCENE XIV.

LES MÊMES, POPINOT.

POPINOT.

Me voilà... me voilà... je les ai... je les tiens... prenez patron, cent quarante mille francs... en bons billets de banque.

BIROTTEAU, s'emparant des billets.

Voyons... voyons... oui, c'est bien vrai... des billets de banque... oh! ma fortune qui m'est rendue!... mes amis... mes amis!.. comprenez-vous.. ma fortune...   (Il chancelle.)

GAUDISSART.

Eh bien, M. Birotteau, que faites-vous? vous avez été fort dans l'adversité, et quand le bonheur arrive, vous faiblissez, morbleu!

BIROTTEAU, soutenu par Césarine et Constance se laisse tomber dans un fauteuil.
Ah! tant d'émotions... à la fois... de l'air!.. de l'air!..

CONSTANCE.

Des sels!

CÉSARINE.

Du secours!

PILLERAULT.

Un flacon! (Dutillet s'empresse de donner un flacon qu'il a sur lui. — Pillerault la main sur le cœur de Birotteau.) Attendez... son cœur bat moins vite... il se calme!.. o ciel!.. il ne bat plus.

TOUS, avec effroi.

Ah!..

GAUDISSART, à Dutillet.

Mille tonnerres! si vous l'aviez tué. (Birotteau fait un mouvement.)

CÉSARINE.

Mon père!

CONSTANCE.

Mon ami.

BIROTTEAU, revenant à lui peu à peu.

Ce n'est rien.. ne vous effrayez pas... non... non... je suis mieux... ah!.. ce serait affreux de mourir maintenant; je vivrai... pour faire votre bonheur. chers enfans!.. bientôt... bientôt vous serez unis... (Se levant et s'adressant à Dutillet.) Ils vous le devront, monsieur!

CONSTANCE, à Dutillet.

Croyez que notre reconnaissance...

DUTILLET.

Madame, je vous en prie... (A part) Je suis au supplice!

GAUDISSART, bas, lui remettant un papier.

Voici votre lettre... nous sommes quittes! à l'avantage de vous voir.
(Tout le monde s'incline devant Dutillet qui s'éloigne.)

GAUDISSART.

Enfoncé Robert-Macaire!

BIROTTEAU, au milieu de sa femme et de sa fille.

Demain réhabilité...aujourd'hui, je puis sans honte porter la croix d'honneur!...

CHOEUR FINAL.

Air : de l'If de Croisesy.

Plus de craintes, d'alarmes,
Le ciel comble nos vœux '
Il sèche enfin nos larmes,
Et nous rend tous heureux '

FIN.